正念高效工作

成就更好的人生

ONE SECOND AHEAD
ENHANCE YOUR PERFORMANCE AT WORK
WITH MINDFULNESS

新时代〈职场〉新技能

[丹麦] 拉斯姆斯·侯格（Rasmus Hougaard）
[加拿大] 杰奎琳·卡特（Jacqueline Carter）
[澳大利亚] 吉里安·库茨（Gillian Coutts） /著

赵经纬　叶少欣　刘宁 /译

清华大学出版社
北京

北京市版权局著作权合同登记号　　图字：01-2019-5759

First published in English under the title
One Second Ahead: Enhance Your Performance at Work with Mindfulness
By Rasmus Hougaard, Jacqueline Carter, Gillian Coutts, edition: 1
Copyright © Rasmus Hougaard, Jacqueline Carter, and Gillian Coutts, 2016

此版本仅限在中华人民共和国境内（不包括中国香港、澳门特别行政区和台湾地区）销售。未经出版者预先书面许可，不得以任何方式复制或抄袭本书的任何部分。

本书封面贴有清华大学出版社防伪标签，无标签者不得销售。

版权所有，侵权必究。举报：010-62782989，beiqinquan@tup.tsinghua.edu.cn。

图书在版编目(CIP)数据

正念高效工作：成就更好的人生 /（丹）拉斯姆斯·侯格 (Rasmus Hougaard)，（加）杰奎琳·卡特 (Jacqueline Carter)，（澳）吉里安·库茨 (Gillian Coutts) 著；赵经纬，叶少欣，刘宁译. —北京：清华大学出版社，2021.8（2023.9重印）
（新时代·职场新技能）
书名原文：One Second Ahead: Enhance Your Performance at Work with Mindfulness
ISBN 978-7-302-56614-4

Ⅰ. ①正… Ⅱ. ①拉… ②杰… ③吉… ④赵… ⑤叶… ⑥刘… Ⅲ. ①职业选择—通俗读物 Ⅳ. ① C913.2-49

中国版本图书馆 CIP 数据核字 (2020) 第 192681 号

责任编辑：刘　洋
封面设计：徐　超
版式设计：方加青
责任校对：王荣静
责任印制：宋　林

出版发行：清华大学出版社
　　　　　网　　　址：http://www.tup.com.cn，http://www.wqbook.com
　　　　　地　　　址：北京清华大学学研大厦 A 座　　邮　　编：100084
　　　　　社 总 机：010-83470000　　邮　　购：010-62786544
　　　　　投稿与读者服务：010-62776969，c-service@tup.tsinghua.edu.cn
　　　　　质 量 反 馈：010-62772015，zhiliang@tup.tsinghua.edu.cn
印 装 者：三河市东方印刷有限公司
经　　销：全国新华书店
开　　本：170mm×240mm　　印　张：14.25　　字　数：217 千字
版　　次：2021 年 8 月第 1 版　　印　次：2023 年 9 月第 2 次印刷
定　　价：79.00 元

产品编号：080096-01

内容简介

本书是作者拉斯姆斯先生基于个人和他所领导的潜力工坊（Potential Project）国际咨询团队对数百家世界 500 强企业进行职场正念应用实践及自主创作而成的理论成果，曾应用于耐克、微软、埃森哲、安永、汇丰、奥美、乐高、宜家等众多知名跨国企业。作者介绍了职场工作和管理场景的 16 个正念应用技巧和 8 个正念心理策略，并介绍了 2 种强大的正念训练方法——敏锐的专注力和开放的觉察，同时对自我引导的正念训练方法和持续训练资源给出了建议。本书可以帮助企业管理者和广大职场人士提升专注力、创造力和工作效率，保持精准的决策和清晰的思维，从而更好地驾驭工作场景中的各种挑战，达到生活和工作的平衡。

作者简介

拉斯姆斯·侯格

  拉斯姆斯不仅是全球企业正念领域训练专注、高效、清晰思维的公认权威，也是潜力工坊（Potential Project）创始人兼董事总经理。

  拉斯姆斯将超过 20 年的正念练习和教学经验同企业及组织发展、职场人士技能提升进行了融合。2008 年，经与多位顶级科学家、企业高管、思维训练专家的实践及研究，拉斯姆斯发起创立潜力工坊，这一国际组织的宗旨是致力于帮助个人、团队和企业在从事任何事务和任务时，变得更加友善、智慧、高效，从而构建一个和谐、安宁的环境和氛围。

  通过潜力工坊的工作，拉斯姆斯帮助各类企业和机构提升了组织效率，包括谷歌、耐克、微软、宜家、索尼、美国运通、嘉士伯、通用电气、埃森哲、加拿大皇家银行、奥美、荷兰航空、法国兴业银行、瑞士罗氏公司、思杰系统等行业领导企业，并帮助数千名职场人士提升了工作效率，并臻于更加幸福、友善的职场生活。

  拉斯姆斯既是全球许多国际会议、工作坊、研讨会广受欢迎的演讲者，也是许多大学及商学院的合作教授，包括英国克兰菲尔德商学院、法国巴黎高等经济商业学院、新加坡管理大学、哥本哈根商学院、洛茨曼商学院等。

杰奎琳·卡特

拥有超过20年大型企业咨询及管理的经验，帮助企业提升绩效，驱动变革，优化成果。她积极致力于通过思维训练，帮助个人及机构启蒙潜能，提升效能。她是潜力工坊的合伙人及北美地区的负责人。她的客户包括谷歌、索尼、美国运通、加拿大皇家银行、森科能源等。她是《哈芬顿邮报》撰稿人、早餐电视台亚洲新闻频道及脱口秀电台节目的嘉宾。她是一位风趣幽默、激情洋溢的演讲者，她在全球各大国际会议和知名商学院进行主题报告演讲、主持工作坊。

吉里安·库茨

拥有超过20年企业高管和变革驱动者的经验，在大型企业负责销售和运营工作。她曾工作的行业领域跨度非常大，包括零售、政府、交通、油气、人力资源等。吉里安是潜力工坊澳大利亚地区的合伙人。她服务的客户包括Yahoo！7、澳洲电信公司、Suncorp和一些非营利组织。她也是多家公司的董事，同时也讲授将正念应用于领导力、职场生活等方面的讲座——她在创伤后修复计划中，为癌症患者提供电话心理诊疗。

潜力工坊简介

潜力工坊是全球企业正念领域的领导者,在北美、欧洲、亚洲、澳大利亚和新西兰等20个国家和地区设有分支机构,其服务的机构包括谷歌、耐克、微软、宜家、索尼、通用电气、美国运通、嘉士伯、埃森哲、思杰系统、加拿大皇家银行、奥美、荷兰航空、法国兴业银行、瑞士罗氏公司等。潜力工坊致力于提升企业效能,提升广大职场人士的幸福指数。2014年,潜力工坊培训了超过25 000人,培训数量逐年增长。

潜力工坊的宗旨是致力于帮助个人、团队及企业在从事任何事务和任务时变得更加友善、智慧、高效,从而构建一个和谐、安宁的环境和氛围。

潜力工坊的工作是基于本书中所讲授的方法,为企业机构及职场人士提供线下或线上培训方案,针对不同的机构提供定制培训方案。它可以为机构领导、团队及员工提供从初级入门到深度系统的培训方案。

潜力工坊由拉斯姆斯·侯格创立,其基于企业的正念培训方案由正念培训、科学研究、企业管理领域的顶级专家共同开发而成,为正念应用于企业及职场领域树立了先导性标准。这一项目同时在全球领先的大学和商学院同步进行科学研究。

如果你对正念如何引入自己的企业有兴趣,你可以浏览网站potentialproject.com,并和本地的培训人员取得联系。

致 谢

　　这本书之所以能诞生，是因为有一群比我与合著者更为睿智和善良的人们给了我们巨大的支持。我们正站在正念训练、科学和商业等方面的先驱的肩上。

　　这本书是献给那些用爱和慷慨教导我管理思维和把他人放在首位的大师们的。

　　在潜力工坊，许多优秀的研究人员对我的工作给予了巨大的启发和支持。有太多的感谢，无法一一列举。但是我想特别感谢 Jochen Reb、Daniel Siegel、Jeremy Hunter、Richard Davidson、Paul Ekman 这几位伙伴。

　　来自全世界各个企业和组织的智慧的伙伴为我们的组织和训练项目做出了创造性的贡献。有太多的感谢，无法逐个列举，但是我想特别感谢 Loren Shuster、Manish Chopra、Kenneth Egelund Schmidt、Christian Stadil、Adam Engle、Jesper Askjaer 等几位伙伴。

　　我对潜力工坊所有我爱的同事们表示深深的感谢。他们是创造我们这一正念项目的一分子，也因为他们我才能够写成这本书。感谢我的兄弟姐妹，尤其是 Jacqueline、Gillian、Erick、Martin、Wofgang、John、Jude、Jane 等几位。

　　这本书经由 Benson-Collister 出版公司的编辑的专业构思，从优秀变得卓越。感谢 Jeff Leeson、Rachel Livsey、Nic Albert、Julie Kerr 等几位

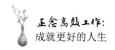

的辛勤努力。非常感谢！同时也感谢来自 Palgrave 公司的优秀编辑 Laurie Harting，他对我们所从事的正念事业有非常深入的理解。

这本书的诞生，源于我们的共同作者大家庭，包括 Mark、Ben、Cam、Nick、Steve、Zack、James、Dan 等几位。同时，也感谢我自己的优秀家庭成员：我的妻子 Caroline、我的女儿 Florien、我的儿子 Joris 和 Emil，还有我的父母、姐妹和兄弟。

拉斯姆斯·侯格

专家推荐

"拉斯姆斯·侯格和潜力工坊巧妙地结合了当今职场生活的两个热门话题：正念和高效工作。你可以找到与这两个主题有关的数千本实用书籍，但拉斯姆斯更进了一步，他将各种各样的工作技巧与正念相结合，为每一位关注发展和幸福的职场人士创造了一个极其强大的工具组合。"

——尤尼·特鲁楠，诺基亚人力资源总监

"本书的重要贡献在于不仅可以为工作场景带来更多的理性和正念，而且可以为广大公众营造更加关怀和开放的态度。强烈推荐。"

——马修·里卡德

人道主义者和正念导师

《利他主义：慈爱如何改变你的生活和世界》作者

"本书中，拉斯姆斯·侯格巧妙地将久经考验的古老心理训练方法应用于商业环境的日常场景中。对于那些在工作和个人关系中寻求更令人满意、更有创造力和更充实的生活方式的人来说，这本书必将带来许多实际的益处。"

——B. 艾伦·华莱士博士

畅销书《注意力革命》作者

圣巴巴拉意识研究院院长

"像许多其他忙碌的职场人士一样,我们在史密夫·斐尔律师事务所(Herbert Smith Freehills)同样面临着长时间工作的要求,愈加复杂的商业环境以及竞争,分散了我们的注意力与精力。要成为一家全球性的卓越律师事务所,我们需要保持专注、清晰和高效。本书阐述了潜力工坊企业正念项目的精髓。如果你把在这里学到的东西付诸行动,特别是日常实践,我相信你将获得一种更强的自我觉察,以及一种冷静和洞察力,成为工作和家庭中最好的自己。"

——穆雷·佩特森

澳大利亚史密夫·斐尔律师事务所,"能力开发项目"负责人

"一个正念的组织是领导者和员工都能做正确的事情,而不只是做事而已。通过参与本书所述的企业正念项目,我们的组织逐渐成为一个正念的公司。"

——肯尼·艾格伦·施密特

嘉士伯公司前首席信息官

"拉斯姆斯·侯格、杰奎琳·卡特和吉里安·库茨巧妙地编织了一套高效的正念工具和策略,供任何职场专业人士学习应用。这对更专业的正念工作与生活而言是个绝佳的基础。"

——耶利米·亨特,博士,实践副教授

彼得·德鲁克和伊藤雅俊管理研究院

"在我们的组织中,我们启动了企业正念项目。在完成该项目后,我们的员工压力水平明显下降,提升了专注力。但是,本书介绍的正念技巧不仅适用于工作环境,而且在所有职场和个人生活中都非常有价值。这本书可以让你与他人更好地相处、更正念地交往。"

——汉斯·布鲁巴克,罗氏人力资源总监

"自从进行正念训练以来,我对它在创造力方面带来的积极影响感到惊喜。我选择一次只专注于一项任务,从而让我与同事的对话变得更加高效,同时专注力的提升也增加了我的整体创造性工作绩效。"

——尼克·弗雷,朗涛公司亚太及日本区总裁

"当今组织的变化速度和复杂性影响着所有同事和领导者的方方面面,特别是当工作与'生活'之间的界限变得越来越模糊时。我们原本只是想通过引入企业正念项目CBMT降低压力的决定,现在转变成一个真正改变公司的决策。我强烈推荐这本书,因为它描述了在不同公司推行企业正念项目后所得到的各种益处。本书是以事实为基础,并结合了支持理论和科学研究的企业实例。"

——亨里克·舒尔茨,宜家人力资源服务中心总经理

序言

坦白地说,要为有关正念的书写序言,我可能是大家能想到的最后一个人。但就在两年前,我对正念有了一系列深刻的见解及认识,从而极大地改变了我对重大事情的认知视角。

首先,我意识到我的大脑被塞满了,被那些与身处高压、快节奏、高要求的生活状态相关的东西塞满了;其次,如果我想在全球咨询、科技及外包领域中最大的公司里成为一名成功的领导者,我认为"被塞满的大脑"是不可避免的,这是成功的代价。

我发现了另一种工作方式和生活方式,它不仅可以让我的大脑得以释放,同时还能让我更加高效、更具创意、压力更低,而且更友善。通过正念的练习,我形成了全新的认知,也激发了我来写这篇序言。

听起来有点奇怪,我并不是很喜欢"练习"正念。每天坚持安静地坐10分钟对我来说挺难的,但我发现,如果这样做,我的领导力、工作效率及个人生活品质都会得到提升。

故事从我开始接触正念的时候开始。连续好几年,我领导着一支极其敬业且高绩效的"特种部队",他们分布在欧洲、非洲和拉丁美洲。团队人员非常精锐,他们致力于领导和交付全球领导性企业客户中最复杂、最具挑战的项目。为了服务好这些要求极高的客户,我们频繁出差,超负荷工作,应对各种极其

复杂的商业难题。虽然这是非常光鲜、收入颇丰的工作,但也意味着我们需要付出巨大的代价。

再加上现今"停不下来",信息超载,巨大的时间压力,即便是世界上最聪明、最优秀、心理素质最强、天资最聪慧的人,有时也难以应对。一件令我震惊的,同时我也没有预测到的突发事件,让我意识到压力所导致的疲惫和疾病。

我开始寻找一种能够持久地改善这种处境的工具,可以帮助团队和我做好我们热爱的工作:一方面可以保证我们最高水平的工作成果;另一方面也不需要以牺牲我们的幸福和生活平衡为代价。

"正念"这个词开始不断出现,但一开始我觉得这个词太"空"、太"弱",我觉得把正念引入企业中,似乎是在自损名声。有些质疑者认为正念太过于软弱古怪,需要"商业实证";也有些"智者"认为目前的情况不需要改变;那些有行动上瘾症的人甚至会认为慢下来无异于是死亡的一种形式。

一个偶然的机会,我和拉斯姆斯·侯格取得了联系,并听说他创立的潜力工坊的培训师、顾问和导师遍布全球。他们将企业正念研发成果应用于全球数十家知名企业,取得了很好的效果,获得了非常好的声誉。拉斯姆斯花了好几年的时间,与科研人员、商界领袖以及正念专家们一起共创了企业正念咨询及培训项目,与我的预设(认为正念太弱)相反,这个项目主要就是专为像我们这样快节奏、重视绩效的企业量身定制的。

与潜力工坊合作,我们共同为我的团队和工作环境定制了正念培训项目。这项项目的应用结果让我们非常满意:专注力提高了30%,工作优先级排序提升了23%,低效的一心多用降低了25%,睡眠质量提升了30%,记忆力提高了31%,心理疲惫和压力感降低了19%,等等。

我非常荣幸能将这本书推荐给你。我希望你可以将本书中提供的正念训练方法应用于工作中,帮助你培养正念状态。这些正念方法对我的工作、领导力和个人生活有非常大的帮助,我的团队成员也受益匪浅。我确信,潜力工坊的企业正念项目也一定会同样帮助到你。

埃森哲科技公司 董事总经理
罗伯特·斯坦布里奇

译者序

有许多词语可以用来形容我们当前身处的这个世界，如数字化、信息化、全球化、地球村、融合性、快节奏、高效率、互联网、新零售、高科技、体验经济、消费升级等。

在这样一个时代，智能手机已经深入我们生活和工作的方方面面，各种新潮方便的 App 服务已经无所不在，城市工作的匆忙似乎很难让我们有闲暇与家人坐下来促膝长谈，一日三餐、上班下班、起床入睡似乎如流水般毫无生气，工作中一个接一个的会议、会谈让我们晕头转向、怅然若失，职业场景中的精准决策、有效执行、满意结果似乎离我们的预期总是有一点距离……

越来越多的职场人士深感工作与生活日渐失衡，对于未来缺少掌控力和判断力，但在内心深处，我们极其渴望：可以坚固地构建起平和富足的内心世界，活在当下，享受美好，心怀愉悦，泰然处事，与熟悉的伙伴更好地沟通，与同事及合作伙伴更高效率地工作，面临工作挑战不陷入迷惘和焦虑，主动掌控和驾驭属于自己的工作与生活，取得令人满意的工作绩效和成果……

多少职场精英，在寻求这样的转型之道、变革之道、幸福之道。

2020 年肆虐全球的新冠疫情，更加剧了不少人对于现在和未来的茫然、无助、困顿和恐惧。面对捉摸不定的未来，我们应该何去何从？应该如何安放自己的心？应该如何处之泰然地应对往来穿梭的一切？

在茫茫追寻和艰辛探索之中，正念进入了我们的视野。

正念坚持的诸多原则：积极、建设、耐心、接纳、平衡、喜悦、释放、回归、专注、平和、深入地观察、不加判断地思索、友善地相处、同理心关怀等，都给我们忙碌的生活和疲惫的心理注入了一股强大的能量和温馨的暖流。

在过去的几年间，正念在全球正加速融入人们的工作、家庭和生活，越来越多的人通过进行正念训练提升了心理状态，提高了工作绩效，改善了家庭关系，收获了更多的喜悦与平衡。正念在各行各业正加速发展，深入应用。2017年年末，正念甚至进入了英国的议会，英国议会召开"正念政治"会议，邀请美国科学家乔·卡巴金博士为议员进行了正念主题的讲授。卡巴金向英国议员介绍说，正念是一种强大的工具，可以帮助政治领袖在面对持续不断的挑战时保持弹性、清醒及持续的创新，从容应对未来的诸多不确定性。

纵观国内出版市场，越来越多有关正念的书籍陆续出版，多数书籍谈及正念应用于人们的家庭和生活，鲜少书籍系统、实用、深入地介绍正念应用于职场和工作。这也正是本书的巨大价值所在。拉斯姆斯先生和他创立的国际组织潜力工坊在过去几年中，将正念深入应用于工作和职场，创立了独立、实用、系统的职场正念应用体系，并在全球数十个国家的数百个知名企业进行了成功应用，包括微软、耐克、宜家、埃森哲、罗氏、奥美、汇丰、安永、毕马威、乐高等。许多企业在应用这套体系后，工作绩效得到了明显提升，工作状态得到了明显进步，包括专注力的提升、睡眠质量的改善、一心多用情况的改观、心理疲倦和压力感的降低、记忆力和创造力的提升、人际关系的改善、工作和家庭的平衡等。

本书中，作者介绍了正念应用于职场的16个正念技巧和8个心理策略，并介绍了两种强大的正念训练方法——敏锐的专注力和开放的觉察，同时对自我引导的正念训练方法和持续训练资源给出了建议。应该说，这是一本正念应用于职场领域、兼具系统严密的理论体系和丰富实用的训练方法的难得的好书。另外，本书的应用和研究成果是基于全球大量顶级企业的实战应用高度总结并独立创新而来。

因为在职场正念研究及应用领域的显著成就，拉斯姆斯入选了全球首个商业思想家排行榜Thinkers 50 Radar公布的2018年和2019年"50位最有可能引领企业管理未来走向的领袖"名单。这份排行榜此前获胜者有管理学教父彼得·德鲁克、战略大师迈克尔·波特、核心竞争力理论创始人普拉哈拉德、"颠覆性创新之父"克莱顿·克里斯坦森等管理学大师。2015年，海尔集团首席执行官张瑞敏被 Thinkers 50 授予杰出成就奖之"最佳理念实践奖"。此外，拉斯姆斯作为《福布斯》、《哈佛商业评论》、Business Insider 等全球领先商业杂志的受邀专栏作者，定期为全球商界领袖撰写研究成果及商业评论。

你所翻看的这本书，不仅仅是拉斯姆斯先生和作者团队的正念系统研究成果，更是他所领导的潜力工坊全球工作团队在数百个各类企业机构中应用实施后的高度总结和智慧结晶。本书经译者与作者拉斯姆斯先生联系，由创衡正念创始人陈米笑女士与译者及作者协调沟通、严谨审校，并与清华大学出版社刘洋老师深入沟通交流后，终于在国内付梓出版。

我们诚挚地期望，这些经由拉斯姆斯先生和潜力工坊创立和发展，并已在全球诸多世界 500 强企业成功落地应用的职场正念理论体系和实践成果可以早日来到中国，进入广大企业高管和职场人士的视野和思想，使其能够深入了解并灵活应用书中谈及的实用训练方法，获得职场目标的达成、工作生活的平衡，收获心理的安宁、关系的融洽与持久的幸福。

本书译者　赵经纬

前　言

这本书的创作其实源于一次失败的经历。

2005 年年初，我第一次有机会将正念引入企业。那时我练习正念已经超过 10 年，深知正念带来的专注、宁静可以让我的工作更高效和富有成果。

我终于第一次有机会将正念这个礼物，送给欧洲一家专业服务公司的员工和高管。

我花了好几周去准备这一天的课程。我摩拳擦掌，激情满满，斗志昂扬。从早上起床到午餐前，我一直在讲故事、做指导、让他们做练习。我非常兴奋，想当然地以为他们也会和我一样。

但是，我错了，大错特错！午餐过后，我已经做好准备，继续我富有斗志和激情的分享。但是，这个企业的学员并没有同感，他们甚至在午餐后都没回来！

对我而言，这是一个艰难的时刻，但也成为我生命中非常重要的一天。我突然意识到，过去自己想当然地将个人正念训练引入职场的想法是多么地幼稚。显然，我没有把正念和工作相结合，没有把思维觉察与工作绩效相连接。既然我已经深切体会到并确信正念可以为职场生活所带来的价值，我决定寻求新的答案去弥合这一鸿沟。

你现在正在阅读的这本书，就是我的答案。

* * *

过去几十年来,我们的职场生活发生了巨大的变化。在信息技术不那么发达的时代,人们很容易将注意力集中在每一项具体的工作任务上。但是现在,人们必须非常努力才能集中注意力,我们不断地被社交短信、邮件、电话、会议及各种任务的最后期限所干扰。身处信息泛滥与干扰不断的环境,随时随地分心分神早已成为常态,我们的大脑已经日渐养成了同时处理多个事情的习惯。换句话说,我们已经习惯了一心多用。

但是,调查显示,在信息泛滥的时代,一心多用是最不恰当的反应方式。根据麦肯锡的调研报告,一心多用使人效率更低,创造性更差,更难以做出好的决策。[1] 事实上,大量研究表明,现代办公室生活正将原本能力卓著的专业人士变成平庸之辈[2]。

这个结果应该并不令人惊奇。我们许多人一直处于压力巨大(Pressure)、停不下来(Always on)、信息超载(Information overload)及备受干扰(Distracted)的工作环境中。我把它称为 PAID 的现状模式(见图 0-1)。

PAID

压力巨大　　停不下来　　信息超载　　备受干扰

图 0-1　PAID 的职场现状

由于思绪的自然属性是容易分心的,再加上 PAID 现状的影响,你可能无法集中足够的注意力去阅读这篇简介的其余部分。很可能的是,在你读完最后一页之前,你的思绪已经飘忽到下一件你想做的事情上了。在现代的环境中,由于 PAID 现状模式的影响,我们渐渐失去了管理我们注意力的能力。

难道我们注定就只能像这样不停地走神,难以集中注意力,无法专注吗?

幸运的是,答案是否定的。实际上,通过正念练习,我们可以训练大脑在面临不停的干扰时,用不同的方式去应对。

简而言之,入门阶段的正念练习就是训练我们的注意力。经过数千年的实践,正念技能可以帮助人们更好地管理注意力,提升觉察力,拥有更专注及清晰的思维。

《正念高效工作:成就更好的人生》这本书,讲解的是如何将正念技巧和方法应用于日常的各种工作场景。这本书的写作是伴随着潜力工坊的企业正念体系在企业组织内大规模的应用实践及研究而进行的。书中提供了众多真实案例和培训方法，在许多知名机构中都得到了大规模的应用。这一项目在北美、欧洲、亚洲、澳大利亚的各行各业都进行了精密系统的调研测试，量化的数据结果表明，我们的企业正念项目可以显著提高生产力、工作效率、工作满意度，并带来更多其他的益处。

为了更好地设计这个企业正念体系，我邀请了商界领袖、学术研究员、正念教练等各方人士共同参与，让正念训练和职场工作可以实现完美结合。我们的企业正念体系已经在许多著名跨国企业得到了落地应用，包括微软、埃森哲、瑞士罗氏集团、耐克、美国运通、通用电气、思杰系统公司、谷歌、索尼、法国兴业银行、荷兰皇家航空公司、宜家、加拿大皇家银行、奥美、嘉士伯等。经过第三方独立研究机构的评定，量化结果显示，应用于职场的正念训练可以显著提高人们的专注力和工作效率，同时可以提升人们的生活质量，降低压力，使人们获得更大的幸福感。

从个人角度而言，这个项目可以帮助人们快速而轻易地学会如何提高效能，增强自控力。他们中的许多人在经过正念训练后，可以明显地在关键决策时领先一秒。在当今的商业环境中，一秒可能是一个可以量化的优势。

我们常说："速度制胜。"人类的自然属性让我们希望马上获取信息，立即采取行动。当我们面临选择时，比竞争对手更快更准地决断，以更好地服务客户非常重要。这是谷歌通过公布其搜索时间优势来显示其综合优势的原因，也是我们越来越需要利用大数据分析工具，希望先人一步得到答案，以实现我们商业成功的原因。

一秒有巨大的价值。

价值大到我们经常会谈及"商业速度"，商业速度有多快？有研究估测：华尔街一毫秒的优势，一年累计的价值达200亿美元！

从认知角度而言，先于一秒的优势可以提高效率和生产力。它提供了一定的空间和自由度，让你对众多干扰可以选择合适的回应，并有效利用我们的心理能量。我们不能控制生命中发生的事情，但是我们可以从容地选择我们对事件的回应方式。

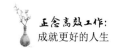

维克多·弗兰克尔（Viktor Frankl）是纳粹集中营的幸存者，他写道："在刺激和反应之间，有一个空间。在那个空间中，我们有力量选择自己的反应。而我们的反应展现了我们的成长和自由。"[3] 尽管面临极端恶劣的条件，他仍然可以选择自己的反应，而不被自己的惯性反应（reactivity）所绑架。

无论在电话销售还是高压的演讲场景，抑或在办公室日常工作或董事会议中，这本书提供的方法都为你带来了这种自由。

我还想强调一点，这些技能以及正念训练本身，不仅是为了赚更多的钱或者加快职业晋升速度，正念本身具有更重要的目的和意义。

十几年前我那次惨痛的失败经历之后，邀请我引入企业正念体系的第一个机构是斯堪的纳维亚地区最大的保险公司。这个公司的销售总监托马斯赞助了这个项目。他引入这个项目的初衷，是想提高自己以及团队的专注力和工作效率。他的确实现了这个目标，而且获得了更多、意义更大的实效。

在开始这个项目一个月后，他给他的部门和我分享了自己的体会，至今我仍记忆犹新。他说："我非常高兴地注意到，我们变得更有效率和生产力。但我更深刻的体会是，我感觉我们变得更加友善、包容和幸福，我们正在成为更好的人。"

这正是正念的意义：在日常生活中，做最好的自己，发挥更大的潜能。更多思维更专注、头脑更清晰、态度更友善的人会带来一个更好的组织，更多这样的组织会带来更好的世界。我们设想一下，在一个高效能及人与人之间更加友善、和谐共存的世界里，和谐友善与高效率、高效益并存，友善的氛围就像股票的每股收益或现金流的重要性一样。

这听起来似乎有点过于乐观，但在全球我们服务过的许多企业里，这样的事情每天都在发生。

*　　　*　　　*

这是一本为繁忙的专业人士而设计的书。他们处于高压力、快节奏的生活中，试图寻求新的工作方式突破自己的固有模式。这本书介绍了许多实用的方法，同时也介绍了许多经研究和实践验证的工具，这些工具已经在当今全球最受尊敬的企业中得到了成功应用。

这本书不仅对企业领导者有很大的吸引力，也适用于企业中各种不同层级与角色的职场人士。这本书中提供了许多短小精悍的训练方法,可以帮助我们应对工作中不同场景下的各种挑战,如收发邮件、召开会议、安排优先级、制订计划等。每一种场景都自成一体,技能也都容易练习上手,而且可以为读者带来立竿见影的效果。

这本书是以数千年的智慧和方法,即我们今天所谈论的正念为基础的。尽管正念有非常深厚的历史根基,但其进入各种文化生态却是近年来的事。虽然媒体对正念所带来的益处大力传播,但是我们社会中的绝大多数人还没有将正念应用于他们的日常生活,甚至都不知从何处开始。

这本书的目的就是改变这种情况。让身处忙碌中的人(比如你)在面临精力和效率降低时,能够获得即时的帮助。当你在工作中成功地感受到正念对你的帮助时,你会更深地感受到正念帮助你培养当下、耐心、善意、接纳等良好的思维品质。从这里开始,日常的正念练习,会帮助你强化正念的核心要义:提升专注力和让开放的觉察力更加敏锐,从而让你的生活发生转变。

本书的第 1 章将探讨如何在职场中使用正念。从介绍工作中正念练习的基础知识开始,探讨正念带来的益处及数据调研对正念效果的支持,了解最基础及关键的正念技能,及其在各种工作场景中的成功应用。我把正念技巧训练分解为 16 个简明的模块,这些技巧是为了在日常工作中简易方便地使用正念而设计的。每一种技巧都是将正念融入工作场景中,它们会产生立竿见影地提高工作效率和绩效的效果。

消极思维模式会阻碍你发挥自己的全部潜能,本书第 2 章将探讨取代消极思维模式的心理策略。通过培养强有力的思维素质(如上文所描述的)来重组大脑神经网络。重塑或者重新训练你的大脑,会让你正念地回应工作中的各种突发状况,而不是消极或无建设性地惯性反应。

本书第 3 章全面阐述了正念实践的两个基础训练方法:专注和开放觉察。这两种训练方法会帮助你培养平衡和高效能的思维。一旦你的思维素质达到这种层次,你会发现自己保持专注、觉察和正念等能力都会快速提升。你也会更好地理解如何将正念应用到办公室之外的生活中,你会体验到更深的平静和幸福感。

如果你想更深入地训练,并全面体验正念带来的益处,第 3 章的最后一部分讲述了如何在日常生活中系统地练习正念。除此之外,本章还回答了正念日

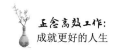

常训练的常见问题：如何训练、何时训练、怎样训练等。最后，本章探讨了如何将正念引入企业，这些建议和方法都是基于潜力工坊在数百家企业中的成功应用经验而得出的。

本书的每一章都侧重于提供你易于应用的技能，让你保持更好的清晰度和洞察力。从本质上来说，这是一些非常实用、能带来立竿见影效果的方法。但它也是一个能够激励我们更好地工作、思考和生活的指南。

本书的结构设计以方便你直接体验到正念的好处为基准。虽然了解理论之前就开始实践，乍听起来有点不甚合理。但根据我的经验，忙碌的人们渴望得到在日常工作生活中能够立即帮助他们的工具。坊间对正念书籍常常有些批评，觉得它们在分享基本有用的信息之前，讲了太多的神秘主义和枯燥理论。我现在把最直接及实用的信息放在前面。当你成功地在自己的日常工作任务中运用并体验了正念，我希望你能够有兴趣去探索正念的更大意义并深化对正念应用的理解。

为了助力这一进程，我在本书中从始至终地融入了许多特殊功能和实用工具，包括：

- 提供在工作中运用正念的工具和技巧，以加强专注度、清晰度和效果。
- 通过指导和反思，让你更加冷静、清晰、富有创造力和善意，从而改变你对工作场所中的人和事物的看法。
- 为系统的正念训练提供简单而详细的逐步指导。
- 小插图和真实的故事，以帮助说明关键学习点和激发思维。
- 每日10分钟练习，可以保证重塑你的工作和家庭生活的正念训练计划。
- 下载正念训练App链接，增强你的学习和训练方式。

本书的灵感来自成千上万使用过这些技巧和心理策略并开始进行每日正念训练的人们。听到他们关于个人转型和成功的故事，是我写这本书的主要原因。我希望能与更多的读者分享这些方法。在书中，我将与你分享他们的一些故事。虽然因为尊重隐私而更改了一些人的名字，但所有故事都是真实的。尽管这本书的结构设计是按照严谨的逻辑顺序展开的，但你也可以挑选最感兴趣的部分开始阅读，在需要的时候找到你最需要的，这意味着你可以从一个部分跳到另一个部分，也可以从技巧部分跳到心理策略部分。

前 言

　　这本书虽然是从我个人的视角写作而成的，但它却是我、我的共同作者，以及潜力工坊的同事们的集体洞察、智慧和经验的结晶。因此，当你读到"我"时，这反映的是将正念的理念和益处带到全球各个职场的集体协作和共同努力的智慧结晶。

　　如果你因为好奇如何将正念应用于日常工作而选择了这本书，那么可以从第 1 章开始阅读。但是，如果你想深入了解更高阶段的正念训练，你可以从第 3 章开始。如果你担任领导角色，并计划向同事和上司介绍企业正念项目，可以直接看最后一章的后半部分。

　　无论你如何选择使用本书，我希望它对你有长久的益处。通过书中介绍的每天只练习几分钟的正念训练，你可以养成更有效的心理习惯，让你在最具竞争力的高压情况下也能成长发展。最重要的是，这本书旨在为你和像你一样忙碌的人赋能，它提供了一个结构清晰的指引，让你通过更好的专注、觉察和清晰的思维来提高绩效，获得职场的成功。

中文版推荐序

一秒正念
改善专注力，提升绩效，成就卓越组织

　　过去 30 年，中国经历了举世瞩目的飞速发展。近年来，随着网络信息技术的进步，中国更是创造了前所未有的手机文化。数据研究公司 QuestMobile 于 2020 年 1 月 13 日发布的一份报告显示：截至 2019 年 11 月，中国人平均每天在移动设备（手机等）上花费 6.2 小时，每个人 1/3 的非休息时间"生活在自己的设备中"。这几乎是大洋彼岸的美国人每天 3.75 小时的一倍。手机及网络在给生活带来便利的同时，也带来了拉斯姆斯和杰奎琳在这本书中描述的 PAID 状态——压力巨大（Pressure）、停不下来（Always on）、信息超载（Information overload）、备受干扰（Distracted）。

　　我们近 5 年的研究显示，PAID 状态会导致我们无法集中注意力，从而导致工作效率低下，因为压力产生焦虑感及情绪不稳。事实上，PAID 状态已经给组织的绩效（Performance）、团队协作（Collaboration）、员工敬业度（Engagement）、创新能力（Innovation）和心理韧性（Resilience）带来了严重的负面影响。

　　2020 年，中国农历新年前猝然而至的新冠病毒进一步雪上加霜，成为对企业影响更深刻、更广远的危机。我们在个人、家庭、团队、组织层面都经历着情绪的担忧、焦虑和不稳定。随着中国疫情的好转，新冠疫情的全球蔓延趋势不断发酵。其他国家纷纷采取限制措施，为企业商业运作带来了新一波冲击。

在危机时期，PAID 的负面影响更加严重。我们最近的研究发现，58%的员工表示，他们无法在工作中管理自己的注意力，心念不断游离，现代化的远程工作让情况更为恶化，工作表现更加不尽人意。研究表明，危机时心念游离，大脑会变得更加容易沉迷于恐惧和无助的负面思维，以及惯性焦虑的感觉。克服这种自然倾向的方法之一是，通过训练心念来加强我们的心理韧性，有效管理我们的精力，让我们能够有智慧地选择将注意力放在有意义的事情上。

2014 年，我们初遇拉斯姆斯和杰奎琳，将正念带到企业的共同理念及愿景，让我们与他们合作，并创办了"创衡正念"。过去 6 年来，我们非常欣慰地见到，我们的正念领导力及正念教练项目在中华大地落地、开花、结果。我们的客户来自各行各业，包括滴滴出行、美银美林（Merrill lynch）、埃森哲（Accenture）、彭博资讯（Bloomberg）、思科（Cisco）、乐高（Lego）、万豪酒店集团（Marriott）、索尼（Sony）、毕马威（KPMG）等具有前瞻性的公司。我们帮助这些企业的领导者们训练注意力及觉察力，提升心念素质及其心理韧性，让他们能够在面对当今不断变化、复杂和艰难的情况时，有更大的机会做出有智慧的决策。

正如我们的学员之一——巴克莱资本（Barclays Capital）及瑞银（UBS）前亚太区董事总经理何嘉颖先生（Kevin Ho）所分享的："在创衡的学习，让我最深刻地改变，就是我终于明白，在任何情况下，我都可以调整自己的注意力，观看自己的内心，做出在当下最明智的利人利己的决定。"

感谢赵经纬先生、叶少欣女士及刘宁女士将这本书翻译成中文，也感谢清华大学出版社刘洋先生的努力，让这本作为我们企业专注力及觉察力训练教科书的中文版，在 2020 年这个特别的年份得以在中国问世。这本书提供的工具和方法均来自我们十几年来基于神经科学的研究，以及与各种行业的企业客户在二十几个国家大规模实践及调研的总结和提炼。希望这些简单易行却效果显著的方法能为中国企业带来不同的解决方案，从而更好地在资源紧张、国际贸易争端持续、疫情突发、挑战不断的情况下，快速复原，厚积薄发，逆势飞扬！

创衡正念创始合伙人
陈米笑（Michelle Chan）
托尼·迪克（Tony Dickel）

目 录

第 1 章　正念职场技巧

管理你的思维——第一步 / 4

　　技巧 #1　电子邮件 / 18

　　技巧 #2　开会 / 25

　　技巧 #3　目标 / 30

　　技巧 #4　优先级管理 / 36

　　技巧 #5　计划 / 43

　　技巧 #6　沟通 / 49

　　技巧 #7　创造力 / 55

　　技巧 #8　变革 / 62

　　技巧 #9　精力 / 68

　　技巧 #10　改善睡眠 / 72

　　技巧 #11　饮食和能量 / 79

　　技巧 #12　运动和能量 / 84

　　技巧 #13　高效休息 / 87

  技巧 #14 上下班时间 / 90
  技巧 #15 平衡情绪 / 93
  技巧 #16 平衡工作与生活 / 98

第 2 章 正念心理策略

  策略 #1 当下 / 106
  策略 #2 耐心 / 111
  策略 #3 友善 / 115
  策略 #4 初学者心态 / 118
  策略 #5 接纳 / 123
  策略 #6 平衡 / 127
  策略 #7 喜悦 / 131
  策略 #8 放下 / 135

第 3 章 基础训练

  训练 #1 训练敏锐的专注力 / 141
  训练 #2 训练开放的觉察 / 155

第 4 章 成为生活的主人——后续步骤

  附录 自主训练材料 / 181
  参考文献 / 185

本书图表

图 1-1　职场生活的巨大变化 / 2

图 1-2　结果来自你的思维 / 6

图 1-3　心理效能矩阵 / 14

图 1-4　电子邮件在矩阵中的位置 / 20

图 1-5　沟通方式 / 22

图 1-6　清晰的目标和矩阵 / 30

图 1-7　意识层与潜意识层运行对比 / 31

图 1-8　正念实现目标 / 33

图 1-9　二八定律矩阵 / 36

图 1-10　行动上瘾的症状、原因和后果 / 39

图 1-11　正念地应对优先级冲突 / 41

图 1-12　用正念方式做计划 / 44

图 1-13　正念计划和矩阵 / 44

图 1-14　选择点 / 45

图 1-15　每日正念计划 / 46

图 1-16　正念沟通会何时发生 / 51

图 1-17　正念倾听 / 52

图 1-18　正念表达　/ 52

图 1-19　创造力和矩阵　/ 60

图 1-20　有意识地管理改变　/ 64

图 1-21　抵触的两种情境　/ 65

图 1-22　缺乏睡眠的影响　/ 73

图 1-23　日常褪黑素水平线　/ 74

图 1-24　日常皮质醇水平　/ 77

图 1-25　血糖过山车　/ 81

图 1-26　正念 1 分钟　/ 81

图 1-27　抽象思维和感知思维　/ 88

图 1-28　正念平衡情绪　/ 94

图 1-29　平衡情绪的 4 个步骤　/ 95

图 1-30　工作—生活失衡和矩阵　/ 99

图 2-1　运用正念策略　/ 104

图 2-2　持续性神经循环　/ 108

图 2-3　人类的三重脑　/ 112

图 2-4　惯性感知的发展过程　/ 119

图 2-5　影响圈　/ 124

图 2-6　痛苦公式　/ 124

图 2-7　多巴胺和血清素的化学成分　/ 128

图 3-1　专注力训练的 ABCD 法则　/ 143

图 3-2　数自己的呼吸　/ 145

图 3-3　训练开放的觉察　/ 157

图 3-4　中国汉字"忙"的意义　/ 164

图 4-1　心理效能矩阵　/ 169

表 4-1　自我指导训练矩阵　/ 174

第 1 章

正念
职场技巧

随着互联网的兴起和移动设备的发展,我们的工作方式和工作地点发生了巨大改变。我们可能不仅仅需要在办公室工作,那些与工作有关的各种问题也会在餐馆或球场、白昼或夜晚找到我们。

数千年来,我们的大脑已经进化到可以处理各种不同类型的工作。随着历史演变,人类靠着成为猎人、农夫,甚至作为工业工人,通过体力劳动得以生存。在那些历史阶段,人类能够自给自足,而且任务很明确:杀死动物,收集柴火,耕种土地。即使在亨利·福特和弗雷德里克·泰勒的生产线上,工作都是可以被定义的——在 y 小时内敲击 x 个螺丝钉。

在所有的这些场景中,工作都只有单一的焦点,农田、森林、工厂和家庭有着清晰的界限。这意味着我们的大脑并非天生就能高效地适用于现代生活。图 1-1 清晰地呈现了这一转变。

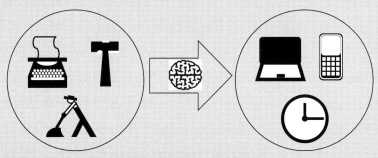

图 1-1　职场生活的巨大变化

如今被大量资讯驱动的工作环境使我们变得更加忙碌而且前景不定,而随着每一个新的提高生产力的 App 的出现,我们生活与工作的界限也变得越加模糊。这也难怪世界卫生组织有报告预测:到 2020 年,工作引起的压力、疲劳和抑郁将会成为世界上最普遍的疾病,与中风、糖尿病并列成为威胁人类的"慢性杀手"。[1]

无论如何,我们都面临着巨大挑战:一方面,我们正身处一个节奏快速、充满了各种可能性、令人兴奋刺激的工作环境;另一方面,我们的大脑却是基于过去简单的时代进化形成的。幸运的是,我们有办法能够更好地管理现今职场生活的挑战——让我们在信息大爆炸时代的要求和任务面前领先一秒。

本书第1章探讨了不同的技巧,以帮助你在面对当今快速变化的环境时,仍能保持能量充沛、激情饱满、心态平衡。这些短小精悍、自成体系的训练模块,你可以在散步或午餐休息的时候轻松阅读,其中的16个技巧能够在不同的职场情境下帮助你提升心理效能与生理健康。你实践越多,它们就能为你与同事带来越大的益处。

为了在使用这些技巧前打下必要的基础,第1章简要地描述了正念的知识,介绍了正念带来的益处以及正念提升工作效率的数据支持,同时也介绍了一些办公室环境中正念应用的最基础方法。

但是,需要注意的是,这些只是深远与广博的正念传统中非常"实用"的部分。开启正念状态和正念生活真正的关键点在于每天的日常训练,这在本书的第3章有详细的探讨。我真诚地希望,一旦你感受到了这些快速上手的正念训练带来的益处,你就能拥有更大的动力去探索正念更深邃的意义,建立属于自己的个性化日常正念训练方法。

现在让我们开始探索"领先一秒"的真正意义。

管理你的思维——
第一步

雅各布是欧洲一家金融服务公司的高级经理,和他大多数的同事一样,他处于"持续在线"的状态——几乎每时每刻都通过各种方式保持"工作状态"。长期以来,他日复一日地处理着源源不断的电子邮件和超负荷的会议日程。当他真正空闲时,也经常会被别人不时打来的电话干扰,或者处于某个必须处理的紧急事项中。

当我第一次遇到雅各布时,他告诉我,他完全无法掌控自己现在的生活。他感觉总是在赶进程,总是被外部力量和任务压得喘不过气来。感觉自己生活在由惯性驱使的模式中,没有任何目标感和方向感。

是不是听起来似曾相识?

像我们中的多数人一样,雅各布渴望能够掌控自己的生活和工作。他的一个朋友最近参加了我的工作坊,建议雅各布给我打个电话。在我们第一次会面时,他承诺依照这本书介绍的方法、技巧和策略,开始为期 4 个月的正念训练计划。在这 4 个月的训练中,我对他进行每次 1 个小时、周期为 10 次的正念辅导,同时他也坚持每天进行 10 分钟的日常练习。虽然这个计划已经被设计得尽量简单易行,但是对于每日忙碌的他而言,这个时间仍是一笔不小的投资。

在进行了 4 个月的训练后,我问雅各布从训练计划中是否获得了什么。

他的回答是:"一秒。"

他的回复让我最开始的时候感到有点吃惊。4个月每天的努力和训练只是得到了一秒的收获？听起来似乎回报甚微。

但他解释说："以前，当事情发生时，我会做出惯性反应。每次当收到邮件时，我都会立刻查看；每次我收到短信时，我都会立刻回复；每次当某种想法和情绪出现在我大脑中时，我就会关注它，让它把我的注意力从我正在做的事情上移开。我是惯性反应模式的受害者。4个月的练习，让我在发生的事情和我的回应之间有了一秒的心理空间。这就好像让我有了领先一秒的时间，让我可以选择自己的回应（response），而不是成为惯性反应（reactions）的受害者。我不能总是控制生活中发生的事情，但我已经有了选择对它做出回应的自由。"

雅各布的故事清晰地描述了每天数百万忙碌的人们所经历的体验。

但是仅仅一秒？一秒能带来什么改变呢？

一秒可以改变一切。

一秒能决定你赶上了火车还是工作迟到，一秒能决定你是看到了黄灯还是闯了红灯，一秒能决定是侥幸脱险还是酿成灾难。

在奥运会赛场上，一秒能决定赢得金牌、永载史册，还是被默默遗忘。

现今的体育、政治，尤其是商业社会中，速度比以往更成为竞争的制胜因素。在今天高频的交易中，数百万美元可以在一毫秒间换手。眨眼间，就有可能带来10倍的变化。商业变化的速度正在赶上光的速度，一秒会意味着你是一般还是卓越。

对于雅各布来说，一秒给了他自由的空间来管理自己的思维、回应，更深刻地说，还有他的生活。

本章可以让你迎来改变，让你在自己的生活中获得领先一秒的优势。下面，我们来一起探索自己自然的认知倾向，这些倾向对生产力的影响，以及一些简单而有力的提升心理效能的规则。

谁是掌控者？

生活是看结果的。结果来自我们的行动，行动来自我们所做的选择，选择来自我们的思维（见图1-2）。

图 1-2　结果来自你的思维

既然思维是达成任何目标的基础,那么管理我们思维的能力就非常重要。只有当我们头脑清晰、冷静、专注的时候,我们才能管理自己的思维。生活如此,工作更是如此。

科学家发现:在清醒时,我们的思维几乎有一半时间处于游离状态。[1] 我们总是在回想过去已经发生的事情,或者思考将来可能发生的事情,而不是全身心地投入于当下。这限制了我们取得有意义结果的能力。

你是不是也这样?我们可以做一个快速的测试一探究竟。

(1)设定一个 45 秒的计时器。

(2)把你的注意力聚焦在一个事情上,如一封邮件、一次会议或者其他事物。

(3)把你的所有注意力都聚焦在这一件事情上,不要关注其他任何东西。

(4)不要去注意其他任何想法或是声响,直到计时结束。

你能不能保持专注于一件事情上?如果你像大多数人一样,你可能会在这短短的 45 秒里感觉到思维四处游离。别担心,这是非常正常的现象。

如果你有类似的经历,你或许就会注意到:有时,或者说经常——你的思维有着自己的想法。换句话说,你很难控制你的思维及注意力。但是,如果我们的想法确实塑造了我们的未来,而我们无法控制我们的想法,这就引发了一个重要的问题:究竟是谁为我们的生活做决定呢?

对于许多人而言,这是一个很难回答的问题。在过去的几十年,思维游离的倾向变得愈加严重。在台式电脑、智能手机与互联网出现之前,人们很容易全身心地投入于手上的工作。但是随着现代科技的发展,我们从处理打字机与电话沟通,转变为同时需要处理电子邮件、短信、社交软件、电子表格、截止日期等。有大量的证据,成堆的研究报告、文章和书籍,描述了信息化时代给我们的注意力与工作效率带来的负面影响。

欢迎来到注意力经济时代

人们的职场生活在过去几十年里发生了根本性的变化。在过去，我们可以很容易地专注于手头的任务，而如今却被各种各样的干扰与信息充斥着。埃森哲战略变革研究院前院长汤姆·达文波特（Tom Davenport）表示："了解并管理注意力已成为现在商业制胜唯一的重要因素。"[2]

我们已经身处"注意力经济"时代，这意味着成功的关键取决于我们管理注意力的能力。但是由于数字化的发展，我们的注意力被重重围攻，这是一个巨大的问题。

这个问题有多严重呢？科学家在研究测算了思维游离走神的自然倾向后指出，我们的思维平均有46.9%的时间处于游离状态[3]。也就是说，我们在工作时，其实只有53.1%的时间是专注于完成任务，而其余的时间处于非工作状态。所以，就人力资源而言，我们有太多的潜能可以被开发出来。即便只是提高一点点"专注"的时间都能改善许多方面，包括工作效率、客户服务质量、安全效果、团队协作和其他能从更加专注中获益的方面。

在现今的商业环境中，注意力确实是企业绩效的一个新衡量因素。在传统时代，企业是通过时间管理、目标设定、优先排序技能和其他一些常规方法来提升生产效率；在数字时代，注意力正成为业务绩效的新推动者。欢迎来到注意力经济。

研究者发现，在数字时代，大脑对无休止的干扰有一种惯性的反应模式：它试图关注所有的干扰因素。它的默认状态为一心多用。当然，谁不愿意在同一时间完成多个任务？有些公司甚至把"擅长一心多用"作为招聘要求。但研究表明，当我们尝试一心多用时，我们会花费更多的时间，犯更多的错误，耗费更多的心理能量。

一心多用是个"神话"

大多数人都有一个强烈的错觉：我们可以同时把注意力专注在多件事情上。例如，我们在开车的同时打电话，参加会议的同时查阅邮件，或者参与一次会

谈时还在发短信。的确,我们能够不用专注力去做很多事,即可以下意识地完成事情。例如,我们边走路边说话;一个有经验的司机会在开车时下意识地同时进行好几项操作,如同时换挡、转动方向盘等。

从神经学角度而言,我们并不能在同一时间内同时专注两件事情上。当我们认为在一心多用时,我们实际上所做的是在两件或多件事情上快速切换注意力。例如,当我们在开车的同时打电话,这一秒,我们意识到车流;下一秒,我们打电话。有时我们在任务之间切换得如此之快,我们就会有一种错觉,认为我们同时专注在两个事情上,其实事实并不是这样。

人的大脑并非计算机

"一芯多用"一词来自计算机行业,它描述了计算机芯片并行处理多个不同任务的能力。今天的计算机芯片可以同时处理多个任务,包括 Excel 表格、播放视频、收发邮件、扫描病毒。这突显了计算机和人类之间的巨大区别:一台计算机有几个处理器芯片,所有的处理器都同时运行,而人类只有一个大脑和单一的注意力。

当我们有许多事情需要处理时,多数人为了提高效率和产出,往往选择一次性做好几件事情。可是事实是,尽管我们的大脑很强大,但我们并无法有意识地同时专注在两件事情上。

研究者发现:"职场环境下,一心多用者任由自己随时被打扰,他们是处理不相关、不重要事情的大师。"[4] 可能你也有这样的体会,发现即便在处理很简单的、目标清晰的任务时,你可能都无法专注。例如,你想给妈妈一份生日礼物,你上网搜寻她喜欢的东西。当你在亚马逊搜寻时,你看到一本书,你开始把一些书放到自己的购物车里。然后你发现一个关于其中一本书的评论链接,这篇文章说这本书非常有趣。你点开这个链接,开始阅读,又发现了一个很酷的视频链接。一小时后,你发现自己在看视频,而完全忘记了自己最开始想做的事情。

研究表明,一心多用会降低人们的工作满意度,破坏人与人之间的关系,严重影响记忆力,并对健康造成不良影响。[5] 研究还发现,一心多用会降低效率,因为它往往花费更多时间,并导致更多的失误。这是因为当我们从注意一件事到注意另一件事时需要时间来完成切换。根据另一件事的复杂性，切换时间从几秒钟到几分钟不等。这种现象被称为切换时间（shift-time）。切换时间消耗着我们的精力并降低工作效率。

此外，哈佛商学院的研究者发现，一心多用严重影响创造力。[6]他们评估了9 000名从事需要创造性和创新思维项目的员工。研究发现，员工一心多用时在创造力方面显著下降，而在专注于一项任务时创造力增加。

总的来说，当我们一心多用时，我们的效率更低，犯错误的概率更大，更无法集中注意力，创造力更低。但是，既然一心多用带来这么多不良后果，为什么许多人会继续这样做呢？

因为它让人上瘾。在不同的任务间快速地切换让人感觉兴奋，尽管这会消耗体力和带来压力。[7]在另外一项研究中，哈佛大学的研究者发现，一心多用会让大脑分泌"多巴胺"。[8]多巴胺是大脑中自然产生的一种神经递质，与成瘾直接相关。当大脑中产生多巴胺时，会带来一种愉悦感和满足感。大脑会不断寻找分泌新的多巴胺的可能性——即时查看收发邮件可以继续这种化学反应，得到即时的满足感。结果是，一心多用将大脑训练得习惯于干扰，以及由于干扰产生的低效。

有一种方法可以打破这种习惯。

训练有素的思维

在注意力经济时代，正念与你息息相关。它能让你在自己游离的思维与外部干扰之间获得领先一秒的优势。它关乎如何应对一心多用带来的困境，让你每天都能呈现出最好的自己；它关乎如何提高心理效能，让你在职场与生活中充分发挥你的潜力。我所说的效能，就是指达成目标、完成结果、实现愿望的能力。

正念训练已经有数千年的历史，最近几十年以不同的形式得到诠释和应用，在西方国家正被广泛传播。在我们的研究计划中，我们尽力保持正念最接近其原始的定义：一个能看清现实与重视伦理道德的平衡的思维；平衡的思维是放松、专注和清晰的，它能清晰地看到不断变化、有潜力的现实，能明辨持久幸福和短暂快感之间的不同。伦理道德指的是用全面视野和建设性思维去认识事物。

古老智慧的现代运用

在注意力经济中，正念可以帮助你更好地掌控自己的注意力。当你学习掌控自己的注意力时，你也在学习掌控自己的想法。你学习专注于你选择的事物上，可能是一个文档、一封邮件、一次会议、你的爱人或者你的孩子。换句话说，你在训练自己"活在当下"。

通过过去十几年与全球几千人共同的研究实践，我亲眼见证了许多人通过正式的正念训练变得更加冷静、思维清晰。当人们的心态愈加平和，思维愈加清晰时，就更能大幅度地提高工作效率，改善合作效果，更能看清事物的本质，做出精准的选择，不只是我这么说。自从科学界第一次进行正念研究以来，人们就发现了正念训练带来的大量好处。正念对我们的生理、心理情绪和工作绩效都有积极的影响。研究者发现，在生理层面，正念训练能够让人的免疫系统更强，[9] 降低血压，[10] 降低心率，[11] 睡眠质量提高，[12] 减少压力。[13]

正念训练可以增加我们大脑皮层中灰细胞的密度，而这部分大脑的主要功能是负责理性思考和解决问题。[14] 认知功能的提升可以改善记忆力，[15] 提升专注力，[16] 降低认知僵化，[17] 加快反应时间。[18] 不足为奇，练习正念的人反馈说生活质量得到了全面的提升。[19]

这些研究结果在企业中也有积极的影响，能够在相当短的时间内收获成果。例如，新加坡管理大学的一位研究者对我们的企业正念应用计划在两家全球大型的公司的实践效果进行了评估，这两家公司是全球快速消费品的巨头嘉士伯（Carlsberg）公司和欧洲大型的保险公司 If 保险公司（If Insurance）。他发现，仅仅在经过 9 周的训练后，人们的专注力、意识力、记忆力、工作绩效和工作整体满意度都得到了巨大的提升，而且参与培训的员工表示，压力感明显降低，工作和生活的平衡感也明显增强。[20] 其他研究者发现了正念训练为企业带来的类似益处，包括：

- 提升创意和创新力。[21]

- 改善雇员与雇主关系。[22]
- 降低因病缺勤率。[23]
- 增多符合道德伦理的决策。[24]

正念训练是一种培养高效能思维的工具。幸运的是，对我们所有人来说，过去 30 多年开创性的研究成果已经表明：专注力，与其他大脑功能一样，是可以被训练的。

可塑的大脑

训练我们的大脑是可能的，源于科学家所用的一个术语——神经可塑性（neuroplasticity）。简而言之，神经可塑性代表了我们大脑结构灵活，通过实践与重复，大脑可以创造新的神经回路。神经科学家对此有一句简单的描述："神经元共同燃烧，也共同连接。"

研究发现，神经可塑性在我们整个成年生活中明显地呈现。这种神经回路的改变是通过学习一种新的技能来实现的，无论是玩杂耍、打高尔夫球、弹班卓琴，还是通过练习正念来训练我们的注意力。无论任何事情，当我们重复去做都会变得更加简单，因为每次重复，我们的大脑都会产生新的、更强的神经链接。对于我们所有人而言，这都是一个好消息：我们不再被已有的技能与天赋限制。相反，我们能在整个人生中持续地学习成长，并有效地重新链接神经。我们能够克服现代职场生活给注意力造成的不良影响。

这让我们不由得思考正念训练的根基是什么。

正念训练的根基

正念的主要特征就是敏锐的专注力和开放的觉察力。敏锐的专注力是指你不费力气就能将注意力集中在你所选择的事情上。通过专注力训练，你可以全身心地投入你的任务，与他人相处，并从中获益。开放的觉察力是指你能够清晰地觉察到思维中正在发生的事情，可以明智地做出把注意力放在何处的决策。通过觉察力训练，来自外部世界和你头脑中的混乱感会逐渐减少，你会对事情更清晰。当你变得更有洞察力时，即使是最困难的问题也显得不那么复杂，更容易处理。当人们同时具有敏锐专注力和开放的觉察力时，就会达到最佳效果。这就是正念的精髓，也是通读此书后，可以通过训练达到的目标。

当然，要拥有这样的洞察力和训练有素的思维，需要时间和努力，也需要持久的练习。当你阅读这本书时，我希望你可以将正念应用到生活的各方面，无论是在职场还是在家庭中。现在，让我们先专注在可以迅速提高职场绩效和结果的训练方法上。我们首先从了解既专注又觉察这种心理效能的两个规则讲起。

心理效能的两个规则

我们介绍两个基本规则，它们可以帮助你在任何事件中管理自己的注意力和觉察力，以提高效率，减少压力，提高工作满意度，获得更大的幸福感。这些规则可以帮助你减少大脑一心多用的倾向。这两个规则都是基于第2章和第3章描述的正念基础训练而来的。

规则#1：专注于你所选择的事情

专注于你所选择的事情是心理效能的第一个规则。专注有助于你在工作中更有成效、更高效率、更轻松。在专注的情况下，不会出现一心多用；相反，它让我们完全投入于当下所关注的人或任务上。

要将这一规则活学活用，我们可以设想下面这个场景。周一的早上，你到达办公室，开始处理手头一份需要在30分钟内完成的工作。为了按时交付，你把这个任务作为你的专注目标。你身旁的一位同事开始打电话。通常情况下，你的注意力会游离到同事的谈话上。但是，你意识到此时同事的谈话是一个干扰，你要遵循规则#1，仍然专注在你的任务上。现在你可以做一个选择：你可以选择听同事电话内容，或者继续全神贯注于手头的任务。

然后，你突然收到一封邮件。这吸引了你的注意力，你会有一种强烈的欲望，想去看看邮件。但是，你要做出一个有意识的选择，继续专注在手头的任务上。所以，你需要放下邮件这个新干扰，继续专注在你选择的任务上。在接下来的半个小时内，你继续保持这种清醒的觉察，直到把任务完成。

专注于你选择的事物需要觉察到大部分的干扰都是和目标任务不相关的，几乎所有的干扰在此时此刻都是可以暂时被搁置的。正念训练中的觉察部分显示，大脑中多数的想法都是杂乱的，你身处的环境也充满了各种当下根本无须关注的事情。通过有意识地选择专注于哪些事情，你可以避免成为发散注意力的受害者。规则#1尽管听起来可能很简单，却是一个提高生产力和效率的有效方法。

当然，一些干扰因素确实需要我们马上转移注意力。例如，设想一下，你正将注意力放在手头的任务上，你的老板突然走到你的办公桌前。她非常焦虑地说公司可能会失去一个重要客户，她让你"现在"就去她的办公室。但是，如果按照规则#1，你忽视了她，继续手头的任务。

这会有效果吗？当然不会，而且可能让你失去工作。

有用性、可用性和开放式沟通对组织的成功至关重要。如果我们全部都只专注于手头的任务，那么在团队合作和创意中就会遭受影响。所以，规则#1在多数时间是奏效的，但还不足够，我们需要第二种规则。

规则#2：正念地选择你的干扰

规则#2确保你在专注工作的同时对周围环境也保持觉察，并留意到何时需要改变专注对象。

让我们根据规则#2再次看看前面的场景。当你的同事开始打电话或者电子邮件提示弹出时，你会用正念的方式放下这些干扰元素。但是当你的老板走到你的办公桌前时，你需要做出不同的选择。

规则#2邀请我们对每一种干扰进行微妙的评估。我应该现在就处理这些干扰，还是先搁置一边？如果你想保住你的工作，对你老板这次干扰的正确回应就是全神贯注于她的需求。

这不是说让你在老板和任务之间来回切换注意力，继续完成原先的任务。因为这样就变成了一心多用，我们知道这是不合适的。相反，规则#2需要有意识地先搁置你正在进行的任务，而全身心地关注你的老板。这时候规则#1会再次奏效。

当你使用这两种规则时，对于任何干扰的回应，你会有3种选择。

（1）你可以选择不去处理干扰，彻底地先放下它，然后全神贯注地回到你的任务中。

（2）你能够判别干扰的原因（外在的或内在的），你将在未来的特定时间处理它，然后全神贯注地回到你的任务中。

（3）你可以选择完全将专注力转移到干扰上，让这个干扰成为你专注的新目标。而你之前的任务则需要被放置一边，等将来某一特定时刻再处理。

我们多数人面临的现实情况是，我们需要在有限的时间内处理不同的任务、项目或者人。我们是无法做到同时有意识地专注所有事物的，但在任务、项目或人之间正念地切换则是可以做到的。为了更深入地探索这一点，让我们把这两项规则放入一个矩阵图，呈现职场环境下不同层级的心理效能。

正 念 应 用

当我们为提升心理效能而运用两种规则时，你会一面专注于正在做的事情，同时也能意识到应该专注或放下哪些干扰。但可以理解的是，我们经常发现自己处于不能有效同时运用两种规则的状况。为了更好地理解这两个规则如何协同工作，请参见图1-3。

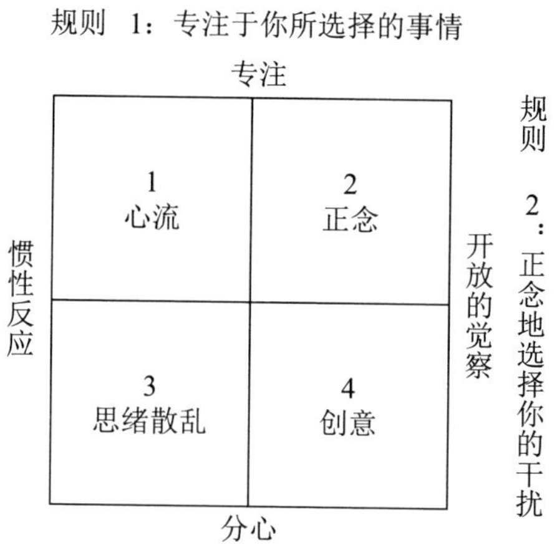

规则1：专注于你所选择的事情

	专注		
惯性反应	1 心流	2 正念	开放的觉察
	3 思绪散乱	4 创意	
	分心		

规则2：正念地选择你的干扰

图1-3 心理效能矩阵

正如第1象限显示的，当你专注但是处于惯性模式时，你的状态可以被描述为心流状态。有些人享受这种状态，特别是当他们正在处理日常任务或体力工作时。心流状态被定义为某种意义上的隔离的陷入状态，让人难以觉察到外部的干扰。即使在日常工作中，这也会造成问题，因为你可能忽略了周围重要的事件，对身体提醒你需要休息、运动或进食的生理信号视而不见。我们需要意识到相关的干扰，如我们的老板走进我们的办公室或者我们身体的信号。虽然很多事情都可以在惯性模式下完成，但大多数时候保持对周围环境的觉察是极有益处的。

在第 4 象限，你有觉察但很容易分心及被干扰。让大脑放松并允许想法随时冒出能带来一定的好处，有些人发现他们在这个象限中能提出更具创造性的想法。但是如果你的思绪太过于分散及容易被干扰，那么你很难把有创意的想法保留下来。创意只会在你保持专注并采取行动时，才可能变成创新的解决方案。

在第 3 象限，你既没有专注，也没有太多的觉察。一些人以为这个象限是最放松的。但是，仔细观察，你会发现事实并非如此。下次当你发现自己在下意识地思绪散乱时，用你的感觉确认一下：你真的很放松吗？经过一点训练，你会发现专注的头脑比分心的头脑更放松。此外，在工作环境中，它显然不是一种非常有效的状态。我讲解这个矩阵时，通常有些人会说，当他们面临一些不愉快的事情，如去看牙医时，通常比较喜欢待在第 3 象限。他们会说，他们宁愿让自己对糟糕的体验麻木不仁，或让自己意识不到，或者想其他的事。但是基于我自己的经验，即便在疼痛的情况下，保持专注和有觉察的心态，仍然是非常有益的。

第 2 象限就是我们所定义的正念状态，此时我们拥有心理效能的最高素质。我们既能专心完成任务，又能同环境和其他人互动连接，将两种规则无缝连接。第 2 象限让我们对当下自己的内在感受及外面的情形保持觉察的同时，也能专注于我们正在做的事情，帮助我们解决问题。当我们想提升工作表现时，它也非常重要。在这种思维状态下，我们可以在外部和内在的干扰之前领先一秒做出回应。这种状态让我们在数字时代仍能做出最佳回应，是在注意力经济下提高我们工作绩效的有效方法。

永久的障碍

这并不意味着实现正念状态就只是分辨自己应该处于哪个象限那么简单。当我们想要保持专注与觉察时，障碍会持续出现。对大多数人来说，最大的挑战是他们的思维。如果你习惯了一心多用，你会倾向于一次性做多件事情。每次你觉察到自己的倾向时，停下来，然后选择保持专注于一件事。渐渐地，你的大脑会产生新的神经链接，形成全新的习惯。

许多人遇到的另一个挑战来自他们的同事、工作态度和办公室环境，特别是开放式的办公环境。许多组织认为及时回应是商业成功的基础，默认大家应该保持持续在线及紧张的状态。但是，人们需要灵活运用两种心理效能的规则，平衡恰当地应用专注与觉察，在需要转移注意力的情景中灵活地应对，以最大化提升自己的心理表现。

新的工作方式

简单地说，我们许多人现有的工作方式并不高效。

我们需要另一种方法。

整合两个心理效能的规则——专注于你所选择的事情、正念地选择你的干扰——会让你拥有新的工作方法，真正优化你的个人表现。两个规则的核心非常直接：全神贯注于你此刻正在做的事情。当你写一封邮件时，投入全部的专注力；当你和其他人相处时，全身心地和他们在一起。不要尝试同时做两件需要你认知的任务，否则，你的注意力会变得支离破碎，其他重要的事情也会受到牵连。

这种方法的优势非常明显，包括提高效率、改善业绩、降低压力。专注于你所选择的事情并正念地选择干扰，让你能在做出回应前领先一秒，当你面对内心干扰与外界事物时就会有选择的自由，而不是基于惯性做出反应。这两条规则虽然很简单，但又有深刻的智慧，它们有助于减少扰乱你思维的噪声，并清除使你偏离目标的障碍。

在本书第1章的以下部分，我会探讨如何让你能够将本章中学到的方法应用到职场生活的主要场景中。我将它们分成了简洁扼要、自成体系的模块，描述了提高绩效、创造力、提升能量及创造力的技巧。

当你让自己沉浸在本书接下来介绍的技巧中时，我期待你能用正念的方式去尝试。你可以时不时稍做停顿，专注在自己的呼吸上。当你这样做时，检查一下自己的状态处于哪个象限中？如果你发现自己在第2象限之外的任何一个象限，保持几分钟专注于呼吸上，并让注意力慢慢恢复并冷静下来。然后继续阅读。

技巧 #1

电子邮件

1971 年,美国麻省理工学院的计算机工程师雷·汤姆林森敲击了他计算机键盘上的第一行字母 QWERTYUIOP,并且把这些字母从他的计算机发送到了同一房间的另一台计算机。

从此,世界就有了电子邮件。

从那以后,电子邮件快速流行起来。近期研究显示,每个人每天平均收发 100 封电子邮件。[1]

无论你做什么工作,在什么地方,身处什么行业,虽然电子邮件并不总能带来最好的业绩,它却可能占据你大部分的工作时间。关于这一技巧,我在本章介绍了 7 种简单的方法,可以让正念帮助你更有产出和高效地使用电子邮件和其他通信形式,如发短信、即时通信办公系统等。

规则 #1:避免对电子邮件上瘾

你平时多久查看一次邮件?一天几次?每小时几次?还是每次当你口袋里的电子设备响起或者亮起时都查看呢?实话说,在一些重要的时间段里,你真的可以做到不查看邮件吗?

如果不能,那么你并不是唯一遇到这种情况的人。一份报告显示,60% 的美国人会在假期查看自己的电子邮件,还有 25% 的人如果 3 天没有登录电子邮件就会变得非常焦虑不安。[2] 实际上,医生预测指出,有 110 万美国人已经得了"电子邮件上瘾症"。[3]

如果你觉得这听起来不可思议,可以再想一下。

"电子邮件上瘾症"和其他类型的上瘾症原理上是一样的。当你收到客户的感谢信、老板的表扬信、有趣的文章或笑话时,你的大脑就会产生多巴胺:这是一种让你感觉愉悦的神经传导物质。由于看邮件带来愉悦的感觉,这促使你更频繁地去查看邮件。

通过正念训练,你能更合理地调整自己的想法、感觉和期望。当你下意识地想点开邮件时,观察一下自己的感受。在你被冲动的欲望驱使要去点开邮件之前,先停一下。就停一秒,在这一秒里你会发现,其实自己完全没有必要对邮件带来的愉悦刺激做出惯性反应。

你有一次选择的机会。

有时,一秒的正念就足以让你放下下意识的冲动。有很多事情可帮助你降低电子邮件上瘾的概率。第一步就是关闭所有的通知提醒。

规则 #2:关闭所有的通知提醒

如果你一直开着邮箱,即使只是在后台运行,这也会对你个人的生活或工作造成很多不必要的干扰。如果想留出更多的时间和提高专注力,最简单的方法之一就是减少这些干扰。就电子邮件而言,你可以关闭邮件提醒、屏幕弹窗和铃声等通知。这样会让你更清晰地感知你在邮件上所花的时间,将时间花在更重要的事情上。

在接下来的几天里,每当你被短信提醒干扰时,观察一下自己的专注力、工作效率和幸福感是怎样的。然后尝试关掉通知提醒几天,同样观察一下自己的感受。在此之后,你就会知道哪种方式最适合你,并做出明智的抉择。

大多数时间里,一封新邮件的提醒信息会把我们的注意力从手头工作中分散,迫使我们不停地在不同任务之间切换。正念使用电子邮件的下一个规则,就是停止这种切换。

规则 #3:留意你的切换时间

无论是否对查看邮件上瘾,许多人全天都开着电子邮件,这会让他们感觉自己在持续地高效工作和随时更新信息。持续在线的状态确实能让他们在收到邮件后就迅速回复，对需要立即回复的人来说是会有帮助，但也会导致一些问题。

如果你每收到一封新邮件，就把注意力从当前的事物中转移到新邮件，那么你就是在浪费时间。本来你的大脑就会花几秒的时间去关注新邮件，然后又要花同样时间重新回到之前的工作上——但如果你忘了之前的思路或当时有创意的想法，可能需要花更长的时间才能切换回来。注意力在不同任务间不断切换，除了消耗时间，还会消耗许多能量，使总体效率降低。

为了最有效地减少你的切换时间，记住第1章我们提到的两种心理效能：专注于你选择的事物上和正念地选择干扰你的事物。如果每一个新邮件提醒都使你分心，那你并不是在正念地选择干扰你的事物。

思考一下查看邮件会给你的心理效能带来怎样的影响。对于多数人而言，这会让他们偏向心理效能矩阵的分神和惯性反应的一端（见图1-4）。

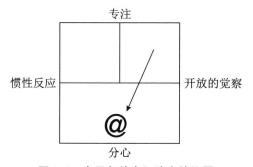

图1-4　电子邮件在矩阵中的位置

除了关闭提醒功能和留意自己的转换时间外，你还可以合理地管理你的邮件，以确保最高效地利用你的工作时间。

规则#4：不要把看邮件当作早晨的第一件事情

清晨通常是大脑最灵敏、最专注和最具创造力的时段。但许多人早晨第一件事就是查看邮件，并没有在这个时间很好地利用大脑出色的专注力和创意。

清晨第一件事情就是打开邮件，会让你陷入各种短期问题的猛烈攻击中。

当大脑适应了这样的节奏，你早上的创意能量会被消耗殆尽。如果你选择处理电子邮件作为一天中的第一项任务，这是在浪费你一天中大脑具备最高潜能的时机。请尝试在上班至少半小时到一小时后再去查看你的收件箱。

无论最后你决定何时处理邮件，请确保把这些安排作为固定计划放到你的日程表中，并让其他计划围绕着它们安排。

规则 #5：留出专门的时间处理邮件

如果你整天在检查并回复电子邮件，那么你很难完全专注于你的工作、电子邮件或其他事情。每天安排出明确的时间集中处理邮件，而不要一收到邮件就分心。

有时，我们日常工作生活中看似微小的改变也会带来巨大的影响。这就是一个会带来转变的机会。当你在安排自己专注处理邮件的时段时，请考虑以下问题：每天查看多少次邮件？每次持续多长时间以及安排在何时处理？

每次隔多久看邮件

在一天中，你应该隔多久专注在处理邮件上？答案要根据你的性格、工作性质和组织文化来定。但是无论决定多久查看一次，都不要因为下意识的冲动去查看。在你自己和你的收件箱之间创造一个分隔期间，给自己留出专注在其他事情上的时间，也给自己安排时间专注处理邮件。这样无论是你总体的工作绩效还是处理邮件的效果，都会因此变得更好。

每次留多长时间专注处理邮件？

你应该花多长时间在处理邮件上？这取决于你每天发送和回复的邮件数量。把你预计花在处理邮件上的全部时间，除以一天内你预计处理的邮件数量（如两个或三个），这样你就能大致了解应该为每个邮件分配多少时间。如果你专注而且高效地工作，你会发现你根本用不了所有预留的时间，省出来的时间还可以处理其他工作。

何时处理邮件

应该何时处理邮件？这取决于你的日常计划以及你所在组织的文化。早上处理一次（再次提醒，不是把看邮件当作早晨第一件事）和下午再处理一次是比较理想的。如果确实必要，可以在午饭前或后再增加一小段时间。

当然，正念地处理邮件要比只是安排邮件时间更重要。留意你邮件中的内容和语气也非常重要——这也是邮件的一部分，在你发给其他人邮件时，首先要避免不恰当的表达。

规则 #6：避免不恰当的表达

当邮件接收者不清楚发送者的动机时，大脑会自己编故事去猜测发送者的意图，而且人们经常会说服自己相信这个故事。更糟糕的是，大脑经常想的是消极的而不是积极的故事。换句话说，我们总是偏向于最坏的预设。但这是为什么呢？

在《事实胜于雄辩：非文字沟通》（*Louder Than Words: Nonverbal Communication*）一书中，作者 Mele Koneya 和 Alton Barbour 提出，我们很难通过电子设备进行有效沟通的根本原因，是文字并不是我们理解信息的主要方式。[4] 事实上，研究发现，60% 的沟通是通过肢体语言和表达来理解的，33% 是通过语气，而只有剩下的 7% 才是通过文字（见图 1-5）。

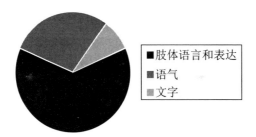

图 1-5　沟通方式

由于邮件只是占有效沟通的 7%，因此产生误解的可能性非常高。这样说来，惯性模式会是你最大的敌人。提升你的觉察，可以帮助你更好地避免产生误会、焦虑和冲突。

在你点击"发送"之前，有3个问题可帮助你在邮件里避免不恰当的表达以及更加正念。

（1）这封邮件真的需要发出去吗？这些人都需要被抄送吗？现在邮件已经被过度使用，确认一下你不是为了聊天而把某人加进来，在你认为确实有必要发送邮件时再发送。如果真的不是那么重要，你完全可以删除它。

（2）邮件中是否包含了接受者能够准确理解的必要信息？我们都发送和接收过没有附件或漏掉重要细节的邮件，这样的疏忽会导致来回邮件确认，并且许多问题都是类似的。所以，请确保你没有在浪费你自己或其他人的宝贵时间。

（3）收件人会怎么解读这封邮件？从收件人的立场思考，如何措辞比较合适，以避免让收件人有负面的猜测。只需要一秒，清晰的沟通和不幸的误解之间的区别，可能就在于你的邮件是如何被收件人解读的。有一点可以肯定的是，多说"谢谢"和"不好意思"总没错。

当然，我们都发送过一或两条让我们后悔的信息。通过正念训练，能在你发出草率的或考虑不周的信息之前，给自己一秒的时间思考。这就引出我们下一个规则，避免情绪化处理邮件。

规则 #7：避免情绪化处理邮件

与面对面沟通相比，对邮件信息的解读比较广泛和多样。避免情绪化地处理邮件，意味着你要意识到自己的思维模式，即你要在相信自己编制的故事或者情绪化之前，觉察你头脑中创造的故事。

虽然大多数邮件是积极的或者中立的，但也有例外。在开始阅读邮件之前，先放松一下。当你收到一封可能会引发负面反应的邮件时，停一下，不要因为一时冲动就立即回复。请让我再重复一遍：不要因为一时冲动就立即回复。反之，冷静想想，这封邮件引发了你什么感受：是排斥？生气？还是伤心呢？然后，肯定自己，因为你觉察到了自己对于邮件的反应。记住这种沟通方式的局限性：它仅仅占到有效沟通的 7%。

虽然冲动的回复可以发泄你的沮丧情绪，但这种回应方式弊大于利。鼓起

勇气去容忍你的不适感，直面你的内在冲动，但不要屈服于它。

拿出一些时间思考一下，什么样的响应会对你和邮件发送者产生最有益的效果。花点时间思考，怎么回复能对你和发件人都能带来最好的结果。或许最好的回应根本就不是发邮件，而是快速打一个电话来解决问题或澄清误会。这会让你完全放下情绪而不是陷入情绪的漩涡。

如果你在正念状态下使用邮件，遵循这7个简单的规则会帮助你节省大量时间，减轻压力，并提高心理效能。下一个技巧探讨的是如何正念开会。

（译者按：在中国当前的环境下，比电子邮件使用概率更大、场景更多的是微信、微博、QQ等即时通信软件，抖音、快手等短视频社交软件，所以作者在本节中讲到的正念状态下使用电子邮件的策略和技巧，也完全而且更加适用于中国当前场景下的微信、抖音等即时通信软件和短视频社交软件。请各位读者灵活参照。）

关于正念电子邮件的提示和反思

- 反思你使用电子邮件的情况及你和收件箱的关系：电子邮件是否成为导致你容易分心的一个因素呢？
- 想想你何时使用电子邮件，如何在收发邮件时运用正念设定清晰的规则，这会对你有帮助。
- 为了提高效率和效能，改善心理情绪，可以邀请你的同事探讨一下对你的邮件做何反应。

技巧 #2

开会

许多企业开会的方式不尽人意。事实上,人们发现开会多半是浪费时间。几项不同的研究表明,企业经理与高管们感觉25%～50%花费在会议上的时间是被浪费的。[1]

这个问题比我们想象得更加严重。

美国在线和Salary.com的联合调研发现,美国的职场人士普遍每周只有3天时间真正在工作。[2] 3天?我们感觉似乎并非如此。然而此研究表明,剩下的两天往往被毫无成效地安排,被低效而多余的会议占用。

开会本应该让我们在团队智慧和经验中获益,解决无法独立完成的问题。但是,当人们开会时无法全身心地投入,便无法从彼此身上相互撷取精华,也无法发挥我们的创造性潜能,继而造成时间的浪费。

本部分介绍的技能可以让我们把正念作为有效的工具,尽可能地在最短的时间内最大发挥会议的真正价值。

正念会议的3个阶段

在进行正念会议之前,先思考一个简单的问题:你的会议是否对自己和他人有帮助?如果答案是"是",那么你的重点应该是让自己和他人更加高效地开会。你可以把会议分成3个阶段:会前准备、会议过程、会议结束。这样可以让你优化会议的时间,并且让每一个参会者都更有收获。

心理准备

常言道:良好的开端是成功的一半。对于会议更是如此。

会议的良好开始意味着你的思路清晰并放下会前所有忙碌的任务或讨论，将注意力放在 3 件事情上：与你一起开会的人、会议进程，以及你自己。

尽管会前的心理准备如此重要，但这部分所需的时间不超过一分钟，你可以单独完成或与团队共同完成。如果是单独完成，执行起来就会更灵活简单。

在你进入会议室之前，将全部的注意力放在呼吸上，放下那些让你分心的事情，就好比被波浪拍过的海滩，不纠结于波浪的来去。在一分钟内，你就可以使自己专注于当下并为接下来的会议做好准备。把注意力回到呼吸这一步在任何地方都可以完成，如在你的办公桌前、走向会议室的路上，或者先比别人来到会议室。最重要的是，专注于自己的呼吸，放下内心和外部的所有让你分心的事情。

自己进行心理准备非常有帮助，而大家一起进行心理准备则能提高每一位参会者的心智效能，你也不一定要把这个过程称为正念。在你介绍会议议题之前，邀请大家一起简单地放松身心，安定情绪并专注于当下。大家在会议室内安静地坐一会儿，会营造出一股强大的团聚感和凝聚力。

Mette 是快消饮料公司人民集团（People Group）的董事，她从早到晚的时间都被各种会议填满。她和她的下属在日常会议前通过引入心理准备环节，显著地提升了他们的整体工作效率。在谈及体会时，Mette 说道："我们办公室的位置都离得较远，足以让大家有足够的时间为会议提前做心理准备。此外，我们常常在会议前拿出一分钟时间一起静坐。运用这些简单的方法，我们发现开会的时间减短了，更加享受彼此相伴的时光，即便在探讨挑战性的话题时也是如此。当我们全身专注于当下时，一切都变得更好更容易了。"

对 Mette 和她的下属而言，无须改变太多原有的日程安排，就能让每个人更加专注并享受开会的过程。他们只需要拿出碎片时间，或者每次开会前的一分钟进行心理准备，就能改变会议风格以及团队的工作效率。

试试吧，提前做心理准备，真的能够让与会者在一股脑地投入会议内容之前放下杂念并专注当下。

好的会议怎样开

清晰的目标、明确的议题、一致的安排、精准的切入、时间的把控，这些都是高效会议坚实的指导方针。但即便以上方面都达标，也只有在每位参会者都投入的会议才算真正有效。当会上的成员开着计算机或者手机，那么成功的会议本应该展现的集体智慧就无法发挥了。

如果一个人一边开会一边回复信息，那么事实上他的心思已经不在会议上了。不但这个回复信息的人心思不在会议中，他也干扰了其他参会者。每次有人查看邮箱或者发送信息时，其他人也会想看一看手机——否则他们容易对这位不专心的人感到愤怒。继而，同样这位分心的人可能会问到之前已经回答过的问题，干扰会议进程并引起更多的不满。

我们都感受过类似的情景：我们目睹过人们越来越容易心不在焉，变得焦躁不安、怒形于色时，整个团队的能量以及工作效率也会持续下降。受到干扰的会议越开越久，参会者的效率也越来越低。显然，这些都不是愉快的体验。

开会时，参会者的参与度是产生效率的基础。当我们专注在当下，便能最大化时间效率和产出。因此，正念会议的本质在于：当大家在一起开会时，尽可能让与会者都全身心投入。

每次开会你都有可能成为他人注意力的锚点。要做到这点，你需要关注发言人。有时保持完全投入可能很有挑战，尤其是当会议时间太长或者话题与你的工作并没有直接关联时。通过正念练习，这个过程便会慢慢变得简单，也逐渐变成习惯。

当然，有时候计算机和手机在开会时也很重要。但是要确保它们的使用是有利于提升会议成效，而非为了一时便捷引起分心。同样地，当手机响起时，暂停一秒，思考一下你的首要任务和目标，想想转移注意力会对整个会议带来哪些不良的影响。实际上，很多信息往往不一定需要立刻回复。

同样的规则也适用于虚拟会议、电话会议和其他形式的远程会议。这时候因为不能面对面沟通，专心致志就显得更困难。尽管我们的正念训练会如魔法般地让会议100%有效，但真正做到是很不容易的，重要的是意识到你有选择的权利。假如你要在电话会议中默默完成一封邮件，你就得面临错过重要信息，以及降低所有参会者效率的风险。

这样看来，正念带来很大的帮助。它能够帮助你在开会时提高注意力，对任何干扰保持觉察，并培养清晰的思维，从而能够做出当下理性的决策。

结束会议

在合适的时间、以合适的方式结束会议是一门艺术。能够有意识地及时结束这次会议,让大家及时开始之后的工作也至关重要。总结会议时,还应确保记录并安排所有的"执行项目""跟踪事项"以及"下一步安排"。

在会议结束时留出一些时间练习正念,有助于让会议自然地结束。花几分钟便能让参会者为接下来的安排理清思路,放松身心并变得更加专注。

事实上,有些公司为了让参会者为下一个任务做准备,会特地提前一点点结束会议,为其留出缓冲时间。并且,如果会议在合适的时间结束,便能降低匆忙感。你能有机会看着同事们的眼睛,并由衷感谢他们所付出的时间以及关注。当人们以感恩与欣赏的心情结束会议时,他们也会更加期待下一次的会面,并培养一个良性的会议模式。

生活中最重要的会议

生活中最重要的会议并不发生于董事会或者日常的会议中,它们与工作完全无关。生活中最重要的"会面"是与你的伴侣、孩子、其他家庭成员与朋友共度的时光。这更需要你全身心地投入,与他们真正在一起。

当你回顾人生时,你会回忆起工作中会议的时刻吗?不太可能,你往往想起的是与最在乎的人相处的时光。如果说有哪些场合需要你专心致志地投入,一定是陪伴家庭与朋友的时刻。正如曾任可口可乐CEO的布赖恩·戴森(Brian Dyson)在一所著名大学的致辞中说道:

我们可以把生活想象为一场在半空中抛出5个球的游戏。这5个球分别是工作、家庭、健康、朋友和幸福。你很快会发现,工作是一个橡皮球,它掉到地上后还会弹回到你的手中。但是其他4个球是玻璃制成的,如果你掉下4个的其中一颗,那么它们将会破裂,无法恢复原样。所以你要高效地工作,按时回家,给你的家人和朋友留出充足的时间,并照顾好自己。有价值的事物在被珍重时,才能真正体现其价值。[3]

第1章
正念职场技巧

　　思考一下把正念的思维模式融入工作与生活后所带来的益处与回报。专心致志意味着能更高效地工作，而高效地工作意味着你可以腾出更多的时间去享受你喜欢的事情。所有这一切只有当你决定全力投入、全神贯注时才会发生。

　　事实上，你无须完全听从这些建议。重要的是花些时间反思你自己会议的体验，积极审视，看看自己可以做哪些调整，以便自己与他人在一起开会时，能更好地享受在一起的时光。要了解当下的力量，可以参考第2章的策略#1。

　　下一个技巧将会探讨你在设定目标时，应该如何使用正念原则，以提高专注力和清晰度。

关于正念会议的提示和反思

- 反思过往开会的经历，当时的会议效率如何？你可以做些什么以便你能更好地运用你们开会时的时间？
- 运用正念提高会议效率的关键要领是，每场会议都给自己足够的时间做好心理准备，确保你自己和其他人在会议中能保持专注，并在规定时间内果断结束会议，以做下一步安排。
- 在开会前、会议中及会议后都练习正念，以提高自己保持专注和觉察的能力，放下干扰因素，同时增加你练习正念的时间！

技巧 #3

目标

我们都有目标

我们每个人都有个人目标和职业目标,有些是我们理性制定并不断完善的目标;也有些是来自潜意识的目标,它在理性之外驱动着我们的行为。我们的目标正如大海中的灯塔一样,当生活中遭遇风浪和风暴打击时,指引着我们前进的方向。

正念和目标相辅相成。事实上,缺少这二者任何一个,都很难取得成功。当你有一个清晰的目标时,保持专注和觉察就容易很多。同样,当你保持专注和觉察时,那么采取与目标一致的行动也会变得简单。当你在矩阵的第 2 象限时(见图 1-6)时,你会发现比较容易专注在目标上,并让行动与目标保持一致;而在其他任何一个象限里,都很难保持目标的清晰感。

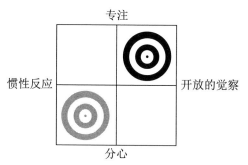

图 1-6 清晰的目标和矩阵

当然,实现目标并不总是那么容易,前进的道路上会遇到许多挫折。这一技巧可以帮助你用正念的方法,接近和实现自己的目标。但是在探讨正念设定目标的标准和方法之前,让我们先看看来自潜意识的评判是如何阻碍你实现目标的。

为什么我们难以实现目标

你曾经有多少次下定决心执行新年制定的目标？例如，多多运动、增加睡眠、节食，或者开始正念训练。每当1月1号来临时，你试图改变自己人生的决心都会空前强大。但之后，尽管你清楚实现目标后带来的好处，你的决心还是或多或少地动摇了。为什么呢？哪里出了问题？要回答这一问题，我们需要了解大脑的运作机制。

我们的大脑中意识和潜意识同时运行。多数情况下，潜意识是在我们大脑结构中的爬虫脑区和边缘脑区运行，这里是生存本能和情绪中心的基础；我们的意识层负责语言、解决问题、创造力等，主要在大脑皮层区域运行。

在大脑的意识层，每秒可处理7比特（bit）或者7个片段信息量。但在潜意识层，每秒可处理1 100万比特的信息量——两者相比，简直不在一个量级！这意味着在我们能够觉察到的意识层之下，更大量的信息发生在我们的潜意识层（见图1-7）。

图1-7　意识层与潜意识层运行对比

你在意识层制订了你的新年计划，你以为跟随每秒处理7比特信息的意识层完全可以帮助你实现目标。但现实情况是，在日常生活中你通常被各种需要你关注的信息所干扰，往往许多伟大的计划都沉溺在干扰的大海中。

除了与有意识的专注力的抗争，潜意识可能会成为你实现目标的另一个障碍。虽然你实现新年计划的决心对你意识层的大脑而言是有意义的，但你的潜意识可能会把你带到另一个方向。

以每日的正念训练为例。你的意识知道正念训练会从本质上帮助你保持专注、清晰，提升幸福感和生理健康。但是你的潜意识通常却有其他的想法。

或许你有一种根深蒂固的信念，认为正念训练可能对你没用。或许你会担心别人怎么想，或许你只是不相信正念会带来实质性的帮助，尽管数据和推论都证明正念是有效的。所有这些质疑，可能以每秒1 100万比特的处理能力为后盾，把你推向一个不同的方向，而不是走向你下定决心要坐下来训练的方向。

所以，保持清晰的目标感，同时管理好你的有意识的思维和潜意识的处理非常重要。我们的潜意识主要被两种简单的动机所驱动：追寻我们喜欢的事物（趋利）和规避我们不喜欢的事物（避害）。我们的潜意识渴求短期的愉悦感，而意识层制定的目标往往会推迟愉悦感。

那么最大的问题来了：我们应该如何控制潜意识的需求——追寻喜好或者避免厌恶，从而更好地保持我们对目标的清晰度呢？

将目标保持在前方及中心位置

当你正念的程度越深，你具有的有意识专注力的带宽就会越大。正念会提高你意识层处理比特数量的能力，同时也会提升你对潜意识思维中发生的事情的觉察。正念会让你有意识的目标和潜意识的运作保持一致，让你的目标保持在舞台中间的位置，并提高成功的机会。

但是，知道一些事情对我们有益并不能让我们自发地做这些事。在忙碌而快节奏的现实世界中，我们的思维往往变得杂乱无章。即便我们通过一些外在的正念训练，我们强大的潜意识仍然可以推翻我们意识层面制定的目标。

当你发现自己与目标背道而驰，可以试试下面正念地实现目标的方法，它们所需的时间少于一分钟。

正念目标导向

- 当你发现自己的行为与目标相背离时，做一下"正念暂停"（见图1-8）：当你平静下来时，专注于自己的呼吸，重拾目标的专注和清晰度。这会培养你的觉察力。

- 问一下自己:"什么样的故事、信念、欲望或厌恶,让我与目标背道而驰?"
- 无论你发现了什么,都面对它,以与它同在的方法来舒缓它。
- 调整自己的行为,继续向目标前行。

图 1-8　正念实现目标

除了专注在目标上,你设定目标的方式对实现目标的可能性也有重大的影响。下面两个方法可以帮助你更有效地让目标与潜意识沟通:要确保你的目标是具体的,而且要用积极的方式描述。

用正念设定目标

清晰定义和具体的目标会让你的潜意识更好地理解目标。虽然潜意识拥有惊人的处理能力,但它并不是条理分明的。你可以回想上次做梦的情景,是杂乱的还是明确的?是逻辑清晰的还是混乱的?这是对你潜意识运作方式的反思。

如果你设定的目标是宽泛的,如"每天做正念训练",那么你的潜意识可能无法理解。这是什么意思?要做多久?在哪里做?什么时候做?怎么训练?如果用更明确的方式制定同样的目标,那么无疑可以大大提升你实现的可能性——每天早上第一件事,我要进行10分钟的正念训练,在家里客厅的长沙发上,我会按照这本书第2章的指导来训练敏锐的专注力。这种类型的目标对潜意识而言,就会非常明确和具体。

制定用积极方式描述的目标,也会让你的潜意识更容易理解。通常情况下,你的潜意识会趋向于去做想做的事情,而远离不愉快的事情。一个消极的目标可能是"我不想一心多用",积极的描述是"我想一次只专注在一件事情上"。第二种描述显然会让你朝着积极的方向前进,同时你的潜意识也会帮

助你实现目标。

世界上所有的专注和描述都无法帮助你决定应该设定什么样的目标,或者你应该在何时学会放下目标。

轻轻地握住你的目标

约瑟是一家全球美国制药和消费品公司的高级经理,非常擅长达成目标。他辛辛苦苦地工作了多年,终于被提拔为公司高管。他对自己所取得的成绩略感自豪,并且享受其带来的益处。他跟我分享了他勤奋工作的经历,他经常加班加点,并且取消了许多本应该有的假期。约瑟经历了很多忙碌的岁月,包括个人和职业的艰难时期,但他一直坚定不移。他有一个成为高管的目标,而且非常执着于这个目标。

事后他意识到:为了实现自己的目标,他付出了很多无法挽回的代价。由于常年处于高压状态,他的健康每况愈下,他的孩子们并不像他希望的那样亲近他,两年前他离婚的事情仍然令他深感遗憾。他的问题是:高管的职位真的值得以这一切为代价吗?

在《高效能人士的七个习惯》(Seven Habits of Highly Effective People)一书中,作者史蒂芬·柯维提出一个问题:"当你爬到了梯子的顶端,却发现爬错了墙,这有什么意义呢?"

约瑟已经爬到了他的梯子的顶端,他有了非常好的事业、财富和尊严。但是由于他太关注事业的认可和成功,却失去了生命中其他重要的东西。

我们太多人把目标看得太重了。换句话说,我们太执着于一个固定的目标,以致失去了远见。我们要放下对目标的控制,学会轻轻地握住我们的目标。如果这个目标不能给我们带来长期的幸福,就学习放下它,这是一项非常重要的能力。

目标是非常重要的,但往往也难以实现。如果我们保持专注和清晰的思维,制定和实现目标就变得容易多了,也更容易放下那些可能阻碍我们幸福的目标。

下一个技巧,我们将会探讨如何用正念方式管理优先级,帮助你达成目标。

提示和反思：清晰目标

- 清晰的目标帮助我们更加专注，并意识到什么对我们很重要；正念帮助我们更专注和觉察目标，并实现它们。
- 潜意识的运作可能会阻碍我们实现目标。但是，如果我们有更多的觉察，潜意识可以为我们所用，帮助我们实现目标。
- 专注是非常重要的，但它也可能是盲目的。平衡专注和觉察，正如心理效能矩阵展现的第2象限，确保我们不会盲目地执着于目标。
- 请花一点时间写下你的职业和个人生活的主要目标，将目标具体化，并用积极的语言描述，以提高成功实现目标的可能性。

技巧 #4

优先级管理

无论对于职场还是个人生活,目标都非常重要。但并非所有的目标都同等重要。要成功,我们需要能够分清轻重缓急,明确什么样的目标最重要。

优先级管理让我们将注意力专注在重要的事情上,在不同的目标发生冲突时,能够更好地保持平衡。结合正念管理优先级,我们可以厘清思路,专注于更重要的事情上。有了更多的觉察后,我们就能把自己专注于正确的、能带来成效的任务或目标上。

二八定律,即 80/20 法则,也被称为帕累托法则,是一个常见的管理学方法,提出 80% 的行动、时间和努力,只产出了 20% 的成果。也就是说,我们花大量时间采取的行动,真正带来成效的比例却很小。

理想状态下,我们应该专注于那些能带来另外 80% 成果的行动上。思考一下,工作中有哪些成果不明显的事情,却花掉了你大量时间。再思考一下,有哪些事情所花的时间很少,却能带来更多的成果的事情。

当我们更加专注并且有觉察力时,我们会把时间花在那些投入较少但回报更大的事情上(见图 1-9)。

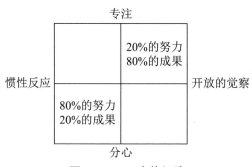

图 1-9 二八定律矩阵

当我们被干扰并处于惯性模式时，很容易把大量时间花在"让我们感觉很忙碌"，但成效却很低的事情上。

本部分技巧主要讲解：正念管理优先级的不同方法；导致糟糕的优先级管理根源之一是"行动上瘾症"，如何避免这种现象；通过放慢节奏来有效加快进展的方法。

清晰的优先级还是劳而无功？

富兰克林·柯维研究院对超过 35 万人进行了关于在职场中进行优先级管理的大规模调研。研究发现，大多数人平均花费 41% 的时间在优先级较低的工作上，而不是那些真正紧迫而且重要的高优先级事务。[1]

这次的研究结果并不罕见。

2012 年，伦敦商学院的教授团队对索尼、汉莎、LG 电子等公司的高管们进行了调研，研究他们管理优先级的能力。他们发表在《哈佛商业评论》上题为"警惕忙碌的高管"[2]的文章中得出了如下结论："只有很少的高管能够非常有效地利用他们的时间。多数人认为自己做着各种紧要的工作，但其实只是忙忙碌碌而已，结果却劳而无功。"

事实证明，忙碌并不等同于高效。

当我们和日本的一家跨国技术和消费产品巨头分享了这一研究成果之后，他们马上也意识到了这个问题。一位领导分享了他的经验："我明白减少干扰能让我的思路清晰且平和，从而更加高效，但事实上这并不容易做到。通常情况下，我被各种信息和干扰事件所淹没，我会冲动地做那一刻感觉最紧迫的事情，而且难以控制。"

关于很难专注于那些能带来更大成效的事物的原因，众说纷纭。事实上，我们的思维在压力之下不断地被各种信息和干扰淹没，很难保持专注。更不用说进行优先级管理了。这样的状态下，我们几乎不可能把少数真正重要的事务放到核心位置。

处于压力状态时，匆忙采取行动是很常见的。很多人由于这种冲动浪费了太多宝贵的时间。他们仅仅因为"感觉"这项任务非常紧迫就立刻开始行动，

而没有花一点时间去思考冲动地去做这件事情可能会带来什么样的影响。

多数情况下，我们只是对采取行动本身上瘾。我们想要满足自己完成某件事的需求，如发送邮件、回复请求、处理新问题等，而不是思考做这件事是否是最能帮助我们实现目标，以及向预期的方向发展。

行 动 上 瘾

提高心理效能和带来高产的最大威胁之一是行动上瘾，而没有经过训练的思维则是导致行动上瘾的根本原因。想要解决这一问题，唯一的方法就是进行良好的思维训练。本章节我们将更深入地探析行动上瘾的各种现象，以及如何克服。让我们先想象一下，一位处于PAID现状环境下的人，通常情况下，他的早晨是怎么安排的？我们暂且把这个人叫作吉姆。

早上8点30分，吉姆来到公司，他昨晚睡得不错，现在的思绪比较清晰，也很清楚一天中优先级最高的任务是哪些，即只需花20%的努力，就能带来80%成效的事情。

在走向他办公桌的路上，吉姆遇见了好几位同事，一位同事拦下他，征询他对一个紧急事项的看法。尽管这件事和吉姆当天的高优先级事项毫无关系，但他仍然想帮助同事，于是他花了一些时间，给出了他认为最佳的方案。

同事对于吉姆的帮助非常感谢，并且说："吉姆你真是太棒了！"

吉姆的大脑分泌了多巴胺的神经递质，这给吉姆带来了即时的满足感。与他的高优先级事项相比，这种完成某件事情带来的即时满足感显然已经占了上风。

来到办公桌前，吉姆打开了邮箱，各种各样的问题和需求立刻扑面而来，看起来都需要他立刻采取行动。其实吉姆深知，这里面很多都是那种需要耗费80%努力，而只能带来20%成果的事情。

但是，那种想要立即采取行动的紧迫感再一次战胜了优先级管理。在深思熟虑后并做出规划的智慧面前，想要马上做出反应的冲动完美胜出。吉姆开始回复邮件，每当点击"发送"键时都获得一次多巴胺带来的愉悦感。由于吉姆没有训练过如何管理思维，吉姆的一天都处在行动上瘾的状态中，而且从早上开始，清晰的意图和重要的优先事项就先被行动上瘾攻陷了。

如果你觉得吉姆的情况听起来很熟悉，不要担心，并不是只有你一个人有类似的感觉。

当我们压力大时，大脑会绑架一些更高级的认知功能，从而把我们推向生存模式（译者注：战或逃）。造成的后果就是，我们会匆忙地去做能即刻带来愉悦感的事情——那些我们在当下能够掌控或者完成的事情。我们会对行动本身上瘾，图 1-10 做了具体说明。

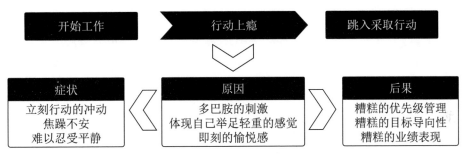

图 1-10　行动上瘾的症状、原因和后果

在行动上瘾的情况下，我们更倾向于去做能体现自己重要性的事情而不是更重要的事情。任务就在面前，我们想呈现自己的价值并带来成效。但问题是，如果我们不退一步反思，确保把时间花在与主要目标一致的事情上，那最终的结果就是把时间浪费在近在眼前但往往不必要的事情上。

行动上瘾是我们提高心理效能和带来成效的最大威胁之一。如果你想测试自己行动上瘾的程度，可以尝试下面的测试。

测试你的行动上瘾度

- 当你到达办公桌后，在开始工作之前，先坐下来，看看窗外，或者看看空白的计算机屏幕。
- 不要做任何事情，不要说话，不去解决任何问题，只是坐着，3分钟内不做任何事。
- 如果什么都不做让你觉得很难熬，那说明很可能你对行动有某种程度的上瘾。

对行动上瘾使你管理优先级的能力及向最重要的目标努力的能力都消失殆尽，它损害的是你的绩效和效率。不过别担心，使用正念可以让你避免出现行动上瘾。

避免行动上瘾

虽然行动上瘾是现代快节奏职场环境的自然结果，但它并不一定是一个持续性的障碍。在难以判断优先级的时候，通过正念训练，或保持正念，行动上瘾就能得到控制。

在我们进行正念练习时，大脑会产生一种被称为血清素的神经递质，可以平衡行动上瘾产生的多巴胺刺激。要了解更多血清素和多巴胺之间的关系，请参阅本书第2章：保持平衡的心理策略。同时，通过正式的正念训练（内容在第3章），我们会在身体上减少对某种行为的依赖和上瘾。不管做什么事，尤其和工作相关时，都会获得更大的心理自由和力量。

一般而言，正念训练确实可以带来心理自由和力量，让你更好地避免行动上瘾，但你仍然发现自己的注意力和时间被太多需求占用。当优先级之间出现冲突时你该怎么做呢？

选择点：当优先级冲突时

优先级之间的冲突是造成行动上瘾的最常见原因。当两个或更多优先级发生冲突时，选择点就出现了：你需要做出抉择，如何更好地管理多个优先级或者安排好不同的紧急事项。

在面临选择点时，我们惯常的反应是匆忙采取行动。这个时候，行动上瘾又会出现。但你现在已经明白，并不是所有行动都和我们的目标一致。幸运的是，当面临优先级冲突时，用一种简单的方法就可以训练你的思维，从而避免陷入行动上瘾的陷阱（见图1-11）。

优先级发生冲突时，在匆忙行动之前，先做一个深呼吸，让这种冲突带来的不适感稍微持续一会儿。利用这个短暂的停顿，回忆一下优先级安排，然后基于最重要的目标做出抉择。如果觉得刚接到的任务更加重要，那就采用心理效能第二个原则——用正念的方式选择干扰项，然后专注在新的任务上。

图1-11 正念地应对优先级冲突

如果你觉得新任务并不是最重要的，只需要说"不"，同时遵循心理效能的第一个原则：专注在你选择的事情上。不过通常情况下，这个"不"是自己内心做出的回应，而不是针对某个同事或主管。随着越来越多错综复杂的信息或事情出现，经过理性思考后选择"不"会越来越必要。

在回忆优先级之前做一个深呼吸，这听起来或许很简单，但做起来并不容易。在面临多项任务时，除了呼吸其他什么都不做，很有可能会感觉坐立不安甚至焦躁。但通过训练，你可以克服在面临优先级冲突时产生的惯性反应。你会在冲动反应之前获得短暂的心理自由，重复几次简单的深呼吸，就可能会从行动上瘾转变到良好受训的思维，用更清晰和平和的状态来审视当前的处境。

有人可能会说："如果每当优先级发生冲突时我都有意识地做深呼吸，那会让我一整天都做不了任何事情。"对于这个问题，解决方案就是学习如何通过先放缓速度，然后高效地完成任务。

慢下来才会快

慢下来怎么可能让你加快进度呢？想想地球上速度最快的陆地动物：猎豹。

数据显示，猎豹的奔跑速度能达到每小时120千米（75英里）。但如果猎豹一整天都保持这个奔跑速度，几小时内就会因为精疲力竭而死。虽然在全力捕猎时速度会非常快，但在刚开始的时候猎豹的速度却很慢。首先它会缓缓靠近猎物，血液慢慢充满肌肉，大脑保持高度集中。开始捕猎前的这个平静期，能让猎豹在猎物进入捕猎范围时快速行动，高效出击。

在优先级发生冲突时做一个深呼吸，正如猎豹在捕猎前的准备活动一样。做一个简短的暂停，你就能保持专注和觉察。这会让你在面对任何情况时都能

采取最合适的行动：集中于高优先级的目标和任务上，而不是做出惯性反应。下一个技巧，在正念状态下制订计划，会让你的优先级选择更进一步。

提示与反思：在优先级管理中使用正念

- 清晰的优先级管理会让你专注于正确的事情上，让自己全身心投入，并保持清晰的思维。
- 正念可以帮助你避免行动上瘾，并且基于优先级采取合理的行动。
- 花点时间回顾你自己的经历，什么情况下做了成效较低的行动，或者对行动上瘾。
- 明天你可以做一件什么事情来帮助你减少行动上瘾？

技巧 #5

计划

无论我们是否意识到这一点,我们的大脑都在一刻不停地、有意无意地在做计划。我们身边充斥着各种信息,大脑处于惯性模式,一刻不停地构思计划。我们沉溺于行动上瘾,就像上了发条的齿轮一样转动,停不下来——但牺牲了我们真正需要的计划。

真正的有效计划,是克服行动成瘾,培养心理效能,做优先的事情。真正的计划需要放慢速度,这样你才能有效地加速。真正的计划需要投入时间,在未来会有很大的回报。在这项技巧中,我们探讨正念如何成为有效计划的基础。

在当下的正念计划

伊莱恩是美国最大银行之一的高级人力资源总监,她如此解释清晰规划所面临的挑战:"我记得我年轻时很容易能够保持在当下和冷静。那时候晚上睡得很好,而且可以好几个小时不分心地读一本书。但是现在,我发现自己的脑子非常忙碌。晚上经常失眠,脑子里转着明天的工作。当我想读一本书时,我几乎没读完一页就意识到大脑正忙于明天的计划。即使当我需要计划某件事时,我发现我的脑子里有那么多其他的事情,很难制订出一个好的计划。"

我们似乎都是这样,感觉肩负着各种责任,却很难做出妥当的安排。我们忙碌的生活中充满了各种信息,我们的大脑停不下来,总希望能够提前10步去完成事情,基于惯性地制订各种计划。

像伊莱恩一样,即使我们尝试入睡,大脑却想着计划。我们的注意力不再集中在重要的谈话上,而是开始计划午餐吃什么,计划什么时候开会、写邮件和上下班。当我们回家想休息的时候,脑子还在制订计划。

这就好比我们成了制订计划的大师,却失去了对计划的掌控力。

处于压力时,为了生存下来,我们需要做计划。但事实是,我们不需要时刻制订计划也能活下来。如果我们能减少基于惯性制订计划,而是用正念制订计划,专注在真正重要的事情上,那么我们会生活得更好,也更容易成功。

虽然用正念制订计划基于我们过去的经验,并面向未来(见图1-12),但它却是"此刻"的行动。因此,用正念制订计划是决定何时制订计划,而不是基于惯性地制订计划。

图1-12 用正念方式做计划

清晰地制订计划,可以让你过上更好的正念生活。而正念又可以反过来帮助你更清晰地制订计划。从这个意义上说,清晰的计划和正念是互补的,都有助于你保持在心理效能矩阵的第2象限,正如图1-13所描述的那样。

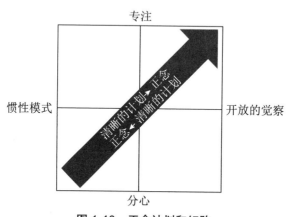

图1-13 正念计划和矩阵

以上在理论上确实如此,问题是如何落实到行动上。如果大脑不经过训练,思绪就会在过去和未来之间游离,而不是专注于现在。要清晰地做计划,保持在当下的专注力是非常重要的。

活在当下并不需要改变你所做的事情或者你的生活方式,而是改变你如何管理你的注意力。活在当下是一种有意识的决策。

花费时间制订计划

有一句谚语:"时光飞逝多么不幸;而幸运的是,你是那个飞行员。"

是的,时间过得很快,特别是在我们忙碌的时候,在我们超负荷工作的时候。每天清晰地做计划可以帮助我们每个人成为更好的飞行员。

这也会让我们更有正念意识。

当我们觉得自己缺乏控制时,时间飞逝得特别快。如果我们行动成瘾,我们就无法控制。当我们被成瘾所困扰时,我们不能自由清晰地思考或理性地行动。相反,我们被一种比我们的意志更强大的力量所驱使。而这种驱使并不是有意识地选择,而是因为冲动的力量。

当我们开始工作时,这种冲动感就开始驱使我们。我们被它推动着立刻采取行动——不管是什么行动。采取行动以后,我们立即感受到多巴胺的快感和价值感。

这种感觉好极了。

当然,缺点是我们对全局视而不见,我们的目标和优先事项会屈从于即刻的行动。如图 1-14 所示,我们面临选择点。

图 1-14 选择点

通常情况下,我们没有有意识地采取行动,而是陷入了困境:工作、行动、尝试,但没有取得任何实质的进展。早晨是一天中最重要的选择点,因为它设定了一整天的基调,早上制订清晰的计划对于开始新的一天至关重要。

为一天制订好计划

当你拿出时间来计划你的一天时,你知道已经为最高优先级的事情留出时间,从而获得平静和宁静。你能更好地控制自己,避免分心。这是一个可以获得巨大回报的小投资。下面是你如何清晰而正念地规划一天的方法。

清晰地规划一天

当你工作时,养成一个习惯,先拿出10分钟做下面的事情:
- 用1~2分钟时间来做ABCD正念训练(参阅第2章),提高自己的专注力,克服行动上瘾的刺激。
- 列一下当天最高优先级的清单,或者在前一天最后检视一下你列的清单。
- 根据最高的优先级,计划你的当天日程。
- 现在,开始工作。
- 一天中做一次或两次计划检视,看看自己的进步情况。

现在,通过每天的正念训练和清晰的规划,最初你会感觉一切都慢下来了。但是正如前面技巧所讲述的那样,慢下来是一种有效的加速方式。以专注和清晰的方式开始一天的工作,会让你的工作更有效率,它会让你从每一次的分心中脱离出来(见图1-15)。通过更高效地工作,你会惊奇地发现,你额外获得了多少时间。

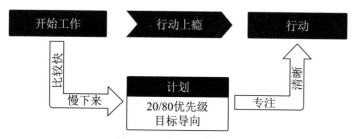

图 1-15　每日正念计划

花费一些时间制订清晰的计划,可以避免让你的同事和其他因素绑架了你的时间。

用正念做计划不仅可以帮助你更好地规划你的一天,还有更广的应用。每周、每月用正念做计划,可以让你在意识中有更大的规划图景,并能更好地管理自己的日程。

正念式管理时间的原则

用正念方式管理时间有许多基本原则，你管理时间的方式由你的工作方式和公司文化所决定。最重要的是，请谨记二八原则，我们在上一个技巧中有所描述。

在心中牢记这一原则，拿出你的大部分时间，去完成以最少的努力取得最大成效的任务。思考一下，在你为不可避免的紧要事件留出时间的同时，你可以为这些高优先级任务留出多少时间。你为紧急事务留出多少时间，因你的不同工作而异。无论你做什么决定，节省出一些没必要花费的时间，可以帮助你减少不必要的压力。

除了对优先级进行规划，并留出时间去处理紧急的工作外，还要思考一下你需要每天拿出多少时间为自己的心理电池充电——或者是简单的休息，短途散步，或者拿出10分钟进行正念训练。最后，确保为不可避免的"过渡性"活动留出时间，如会议跟进沟通或者旅行。下面是对正念式制订工作日程的总结。

正念式制订工作日程

总结一下，处理工作日程的原则包括：

- 为高优先级任务留出时间。
- 拿出时间做准备。
- 决定你需要拿出多少时间处理紧要的事务。
- 规划为心理电池充电的时间。
- 规划自己的午餐。
- 规划过渡活动，如会后跟进和旅行。

清晰的规划不仅可以帮助你达成职场目标，对于你个人的生活也有帮助。设想一下，拿出高质量、一对一的时间陪伴自己的孩子，或者为你的伴侣或亲密朋友拿出一个晚上交流的场景。想象一下，为了保持愉悦和健康，你需要为自己去做哪些事情。就我个人而言，我每年至少要进行一次正念静修，去参与

正念闭关,因为我知道这对于我帮助他人找到平静和发挥潜能至关重要。如果你不能拿出时间去思考你的目标和优先级,那么时间会默默飞逝。你会感觉失去控制,宝贵的时间会悄悄溜走。但是通过正念训练,你会在工作和家庭中获得更大的成功,你会好好地利用每一刻。

这非常有价值,因为时间流逝一去不复返。

下一个技巧会探讨更好地利用好每一时刻的方法——特别是当与别人互动时,将正念应用于沟通,会带来巨大的价值。

提示与反思:正念地制订计划

- 正念地制订计划是减少行动成瘾的解药。
- 回顾自己过去制订计划的经历,你是否察觉到自己处于惯性模式,并且所思考的与此时此刻的现状不相关?
- 正念地制订计划,是基于过去,面向未来,而需要在当下完成。
- 思考一下什么时候和用什么方式能够更好地保持正念,以便你能更加专注和投入地制订计划。

技巧 #6

沟通

美联储前主席阿兰·格林斯潘（Alan Greenspan）说过一句时常被引用的话："我知道你认为你理解了我说的话，但是我不确定你是否意识到，你所听到的其实不是我想表达的意思。"[1]

明白了吗？

传递信息和沟通信息是不同的。要想有效地沟通，那么信息接收者必须理解信息发出者的意图，而不仅仅只是听到或者读到内容。

要达到有效的沟通或许是很困难的，但也不一定。如果沟通中双方都保持冷静、清晰和友善，即使是传递、接收和理解困难的信息，也会变得简单起来。

正如生活中其他方面一样，正念沟通的基础是全身心地投入到与他人的互动中。只有当我们全身心地投入时，我们才能充分地使用好在一起的时间。只有当我们全身心地投入时，我们才能真正理解正在沟通的信息。本章节的技巧打破了有效沟通的壁垒，并提供了简单的正念倾听和正念表达的方法。在开始前，让我们先了解一下有效沟通中同理心和外界觉察的重要性。

同理心和外界觉察

同理心即感受他人的情绪，其在有效沟通中起着关键作用。如果你能感知到沟通对象情绪的变化，那么沟通会变得非常有效。

从根源上来说，同理心是基于对外界的觉察演变而来的，这是通过正念训练可以达到的主要成效之一。觉察外界包括感知和解读他人心理状态的能力，以及你可以影响或帮助他人的方式。关于如何提高对内在和外在的觉察，请参见第 3 章中开放的觉察这部分内容。

从神经科学的角度来看，人类思维的两种基本倾向会给有效沟通制造障碍。

第一种倾向是，正如第 1 章所讨论的现状，思绪的自然倾向是游离的。

第二种倾向是，我们的大脑会倾向于看到自己期望看到的事物，即惯性认知。这一点已经在策略 #4——初学者心态中详细描述。但简而言之，惯性认知，或者认知固化，是大脑的自然倾向，它将现实导向简单或大脑中已有的事物中。这会让我们在与自己、他人沟通，或做任何事情时，做出局限性的预设。当我们局限了自己的认知时，就会发生认知固化。

我们游离的大脑和认知固化会严重阻碍我们的沟通能力。

你在倾听吗？

有一天晚上我回家晚了，我的一个儿子正在等我。他因为在学校里的某些事情而感到有些沮丧，非常希望得到我的关注并和我沟通。

我坐下来，问他究竟发生了什么。

当他说话时，我的思绪一直游离到其他地方：刚开的会议、堆积如山的邮件、我读到的一个长长的报告，还有需要准备的晚餐。

我儿子很聪明而且富有同理心，他很快就意识到我根本就没有全神贯注地听他说话。他说："爸爸，你没有在听我说话。"

我下意识反应，脱口而出："我在听啊。我不是一直坐在你面前吗？"

在那一刻，我意识到，我认定他会告诉我他和之前一样在学校的相似的顾虑，那对我而言并没有什么稀奇。

这是一个无效沟通的典型案例。事实是，我根本没有全身心投入倾听他，我的思绪一直在游离，我对于儿子的惯性认知也阻碍了我的倾听能力。更糟糕的是，当他希望得到我的关注时，我的回复是惯性反应而不是认真回应。如果我抱着更清晰和开放的心态，我本可以在惯性认知和做出惯性反应前，提前获得一秒的空间。然后我会看见一个沮丧的孩子，只是希望获得他父亲的全神贯注。

我们每个人都会分心，都会被惯性认知所阻碍。我们也都有这样的经历，在某人说话之前，我们就觉得已经知道他要表达什么。如果我们做出这样的预判，不仅会阻碍沟通，甚至难以进行沟通。或许他会说出一些新的或很有价值的信息。

正念沟通，就是要避免思绪游离和带有惯性的认知。训练自己全身心投入和保持开放的觉察，对于有效沟通至关重要。

正如心理效能矩阵（见图1-16）描述的那样，只有在敏锐的专注力和开放的觉察交叉的象限中才会产生有效沟通。在矩阵的第2象限，如果我们足够专注，就可以把游离的思绪唤回来，足够开放地觉察可以克服惯性认知和认知固化。在此状态下，有效沟通的关键要素——专注力、同理心和理解——都会到位。

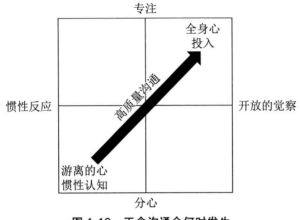

图1-16　正念沟通会何时发生

要达到有效的沟通，我们会发现沟通有两个同等重要的要素：倾听和表达。

有效沟通的两面

如果在交流中两个人同时都在说话，但没有人倾听，那么这不是沟通。这个道理非常简单。下面的策略可以帮助你用正念提高沟通效果，在倾听和表达中都会奏效。

正念倾听

简而言之，正念倾听就是让自己将注意力全部聚焦于正在说话的人身上。这种专注的倾听有4个要点。为了便于理解，我们用缩略语STOP来描述——沉默（Silent）、协同（Tuned-in）、开放（Open）、处于当下（Present）（见图1-17）。

S T O P
沉默　协同　开放　处于当下

图 1-17　正念倾听

下面是如何将 STOP 原则应用于实践的方法。

用STOP原则倾听

- 沉默。沉默就是停止说话。换句话说，就是不仅口头上停止说话，也放下内心的对话。全力地倾听他人，需要完全的专注。
- 协同。在你的身体语言和意图之间建立连接。借助身体姿势，表明你专心于此刻。有时候，只是一个简单的微笑就可以表明你的全神贯注。
- 开放。放下惯性认知。假定对方有足够的理由去表达，并且所表达的信息非常有价值。
- 处于当下。在和他人互动的过程中，保持全身心投入。每次当你的思绪游离时，有意识地把注意力带回当下。把你的沟通对象当作自己注意力的焦点，这样，你会把自己处于当下的状态作为送给其他人的礼物，并且能训练自己更好地活在当下。

正念表达

当你是正在说话的那个人时，我们也有方法将正念应用到其中。我们使用缩略语 ACT 来陈述正念表达的主要特点——合适的（Appropriate）、同理心（Compassionate）、把控时间（Timed），如图 1-18 所示。

A C T
合适的　同理心　把控时间

图 1-18　正念表达

向他人说话时使用 ACT 原则，可以遵循以下方法。

用ACT原则表达

- 合适的。在合适的时间，向合适的人，说合适的话。换句话说，要确保你正在说的话对于此刻的对象是有帮助的。正如希腊哲学家和数学家毕达哥拉斯（Pythagoras）所说："保持沉默，或说些比沉默更合适的话。"
- 同理心。说话时要心怀提高他人幸福感的意愿，我们希望对他人有益。但是需要理解一点，同理心并不是说在发现别人犯错误时仍要保持沉默。事实上，对他人的行为给予建设性的反馈也是具有同理心的，这会帮助他们学习、提高、进步。
- 把控时间。说出必须说的话，然后停下来。不要漫谈，也不能简短到无法表达你的目的，说出所需要表达的，然后停下来。

从本质而言，正念沟通就是最大化地发挥你与他人互动的价值。通过有效的沟通，你可以更好地实现共同的目标，保持更友善的关系，提高他人的幸福感。

你自己可以试试看。

每次当你和别人沟通时，用STOP原则倾听，用ACT原则表达。每次你都要问自己："此刻我怎样做才能让对方有最大的益处？"

不过，不要只停留在我所说的，让我们看看实际案例。以某全球品牌管理咨询公司为例，该公司的澳大利亚高管团队为整个公司引入了企业正念计划，关键目标是加强团队合作及协作能力，特别是沟通。

起初，一些员工持怀疑态度，但几周后，人们开始注意到他们之间的互动方式发生了细微变化。同事们变得更冷静、更体贴、更宽容、更专注，整体工作氛围都变得更友好，更容易相处。

当被问到哪些应用方式对他们最有帮助时，常务董事多米尼克说，人们开始把带有STOP和ACT的明信片带到会议上，这有助于他们记住如何相互交流。

"这些卡片是员工真正的转折点,因为它们帮助我们摆脱了一些沟通不畅的消极模式,使我们能够更好地合作。"

沟通是每个组织取得成功的基础保障。我们在工作中的许多成果,很大程度上取决于如何与同事、员工、主管、客户和供应商沟通。我们需要倾听和影响他们,理解他们,引导他们。将正念带入工作与生活的沟通中,对于取得更持久和有效的成功至关重要。

下一部分我们将探讨正念的其他使用方法,以提高工作成果和工作效率,并探讨如何使用正念提升创造力。

提示与反思:正念沟通

- 有效沟通有两个障碍:思绪游离和惯性认知。要学会留意什么时候这两个或其中一个妨碍你的有效沟通。
- 采用STOP原则——沉默、协同、开放、处于当下——用正念提高倾听能力。
- 采用ACT原则——合适的、同理心、把控时间——用正念提高表达能力。
- 接下来的几周,将STOP原则和ACT原则有意识地应用在沟通中,看看会有哪些不同。

技巧 #7

创造力

这一技巧将探讨正念和创造力之间的关系,其中包括提高创造性思维的方法。如果缺乏创意和创新的理念,企业要取得长期成功的概率是微乎其微的。然而,如今拥有创意和创新变得越来越难。

威廉&玛丽学院的研究员金希景(Kyung Hee Kim)分析了过去50年间收集到的30万份针对儿童和成人的创造力测试,通过分析这些得分,希景发现创造力分数值在1990年达到顶峰,从那以后持续下降。[1]

导致创造力下降的原因有许多理论上的解释,但终究没有找到确切的成因。无论什么原因,要在今天这个不断发展变化的商业时代成功地应对各种挑战,我们都迫切需要提高创造性思考的能力。

在这个技巧中,我将会探讨正念与创造力之间的关系,同时也会给大家介绍一个提高创造性思维的方法。不过,我们先来看阻碍创造力的几个常见原因。

是什么阻碍了我们的创造性思考?

国际知名广告公司奥美公司创始人大卫·奥格威曾经说过"要么卖,要么不卖"。从街头兜售厨房用具到经营一家全球性企业,他从未忘记过这个目标。但是,在完成可行的商业目标的同时,达成业务的创新,却常常导致如22条军规那样自相矛盾。通常,商业行为和创造力并不能很好地相融。

玛丽·安是一家全球性的美国广告品牌代理商在欧洲的总监,她将企业正念训练引入公司,希望能够提高员工的创造力和工作效率。和大多数广告公司一样,整个工作环境都是"即刻文化",因为客户不断地要求"即刻"给出高质量的创意。

进行创意思考,特别是在很短的时间内,是很难的。

玛丽·安知道,一方面,她的团队需要提高整体工作效率,以便能够尽快完成项目;另一方面,他们也需要给大脑一定的空间,以便能够打破常规进行创造。

整个团队都参加了正念训练计划。在为期6个月的时间里,他们一起练习,从个人和集体的角度一点点地思考、重新定义他们过去的工作方式。他们最重要的一个认识是,管理注意力对创造力而言至关重要。换言之,如果你无法集中精力,那么是很难进行创意思考的。

基于这一发现,整个团队制定了内部准则,该准则规定了成员何时可能会受到干扰及何时需要给予空间让其专注。随着时间的流逝,整个公司氛围发生了变化。一旦忙碌起来,整个团队都能够有条不紊。人们变得更冷静、更专注、更高效,并且有更多空间进行创造性工作。

尤其是他们看到了正念对他们新的广告策略会起到的作用。在过去,他们的讨论常常会演变成激烈的对抗,因为大家都执着于自己的想法或方式。

参加这个训练计划几周后,大家决定,在以后的会议中进行更多的有意暂停,让大家有机会休息,同时也让同事放下自己所执着的想法。结果他们发现,与之前仅仅是施压式推进不同,采用迷你正念训练方式的会议往往更有效率并激发出更多的创意。

在如今快节奏的社会下,培养创造力所面临的挑战之一不是我们思考的不够,而是大多数人想太多了。

实际上,很多人的问题在于他们无法停止思考。他们无法拥有足够的时间放下那些想法与干扰,去迎接真正的创意。简言之就是,一直处于"停不下来"的状态,想"停"就不容易了。

我们倾向于用习惯性的方式思考问题和事情,而这正是阻碍创造力的主要障碍之一。通常,我们会选择自己熟悉的或者已被证实有效的解决方案,这种陈旧的思考方式使我们很难打破常规,即惯性模式。关于这部分内容我们将在第2章策略#4——初学者心态中展开。不过,就目前而言,我们只需要了解,我们对大多数问题的典型的反应就是被问题困住,反复思考,在同样的问题上来回绕,却没有任何新意或灵感。

要打破这种本能的倾向，我们只需要停下来即可。

停片刻。

这足以激活我们的神经突触，让我们大脑的边缘系统，即潜意识来发挥作用。你看，创造力来自我们有限的意识之外的潜在想法。

激活潜意识

巴勃罗·毕加索显然有一种天赋，能够以独特的方式观察人和事物。但他的天赋并不是理所当然就习得的。对他而言，创造力以及新的思考方式是经过有意识地强化几个简单的动作后培养出来的。在激发创造力方面，毕加索有一种特有的方式。首先，他会广泛研究他想学习的领域，而不强迫任何信息与其预想的一致。经过一段时间的学习和研究，他就会把书放在一边，然后洗个澡。是的，你没看错，洗澡。

通过洗澡，毕加索会获得激活他的潜意识的能量。从本质上说，通过有意识地放弃思考，他探索出一个更大的潜在想法的源泉。毕加索在他的意识和潜意识之间建立了一个开放式的连接。

想要像毕加索这样开发潜意识，你可以通过以下4个步骤：①明确问题；②暂放问题；③给予时间；④激活大脑。

步骤1：明确问题

潜意识并不是通过逻辑或者理性的方式呈现的。如果你想要得到潜意识的帮助，那你需要简单且明确问题。花些时间思考一下，该问题的核心是什么？理想的结果是什么？然后写下一个你特别需要解决的问题。例如，这份报告最合适的结构是什么？谁能帮我处理这个方案？这场冲突的根本原因是什么？

一旦你明确了问题，就放下它。

步骤2：暂放问题

关键是要暂时放下问题和渴求得到解决方案的想法。如果你不放下问题，继续思考，你的有意识思维就会限制潜意识的活动。这样下去就会出现反复思

考现象，并阻碍你找到新的解决方法。

相反，把你的问题写在纸上，然后把它收起来。当然，你要知道你把这些材料放在什么地方，因为后面你还要把它拿出来。这样做就会给你的潜意识一个平和安静的空间。

步骤3：给予时间

现在你能掌控时间了。你已经把问题像钓鱼线似的抛进了你的潜意识里，你可以继续快乐地进行日常工作。很多活动都能激发潜意识运作的过程。毕加索发现，洗澡能够有效地放下混乱的思维，可能某些完全不同的方式会对你有用。关键在于，这些能让你放下问题的方式是简单易行的。有4种非常有效的具体的活动：正念训练、充电式小憩、体育活动、睡眠，让我们逐一详细地看一下。

正念训练。越来越多的研究表明，正念训练与创造力之间有着明显的联系[2]。有意识地放下那些想法和干扰，是正式的正念训练中很重要的一环，有助于加强你与潜意识之间的联系。如果你已经开始了系统的正念训练，那你可能已经体验过在训练中提高创造力的时刻。如果还没有开始正念训练，请记住本书第3章讲述了开始自主正念训练所需的练习和指导方式。

充电式小憩。有研究表明，小憩也可以有效地提高创造力。一旦你写下问题并把它放在一边，给自己3～10分钟小憩的时间。之后，看看你是否能够放下那个问题，如果不能，再小睡一会儿或尝试其他的活动。

体育活动。身体运动能更容易帮你从思考中解脱出来，并进入感受模式。散步、跑步、骑自行车都可以，或者打乒乓球、踢足球。记住，最关键的是这项活动能够帮你在思绪上暂时不去思考那个问题。

睡眠。睡眠是最后一项。不言而喻，睡眠意味着你的有意识思维无法妨碍潜意识，在熟睡中会产生无数的奇思妙想。为了充分利用睡眠，写下你的问题，然后把它放在床头柜上，然后当你清晨醒来时，立即尝试步骤4激活大脑的方法。

步骤4：激活大脑

到目前为止，你已经明确了问题，放下了问题，并且给你的潜意识留下了时间来运作。最后一步，是帮助你将你的潜意识和意识连接起来。虽然有时这个过程会自然而然地发生，但也可以通过人为的推动。拿一张白纸，在上面写写画画，不必在意具体的内容。给自己点时间，等待答案呈现。

最后这个阶段，问问自己是否已经准备好从一个全新的视角来看待提出的问题，这会对你很有用。如果你发现有大量的陈旧的信息或想法进入思绪，那么你可能需要更多的时间来彻底地放下问题。如果发生这种情况，请重新回到步骤3。

需要一点时间

通过潜意识培养创造力和新观念需要时间。起初，你可能发现这个过程很困难而且结果不尽人意，但你做得越多，你的意识和潜意识之间的连接就会越容易。

一般来说，简化你的生活和思想，可以增强自己的创意。开车时关掉收音机、减少在计算机或电视机前的时间、增加睡眠、避免信息超载等，所有这些简单的调整都能帮助你有更多精力培养创造力和新点子。

一个装得满满的大脑就像一个满的杯子。如果大脑没有空间装新的东西，那么新想法就会溢出来浪费。正如美国画家汉斯·霍夫曼所说："简化意味着能够排除不必要的东西，以便使必要之处凸显出来。"[3] 研究表明，简化工作和生活等同于获得更好的创意。[4]

这样看，少即是多！

矩阵创造力法则

在第1章描述的大脑矩阵中，当被问及创造力会落在第几象限时，答案最多的是第4象限。这个象限能让你的意识完全打开，但也很容易分心。其基本原理是在这个象限内大脑会向新想法完全敞开。从某些方面说，似乎有理可依。

但是创造力所迎接的挑战并不仅仅是提出新点子,还需要我们能够抓住好点子,而不是让它们随着注意力的分散溜走。换言之,我们在第 4 象限为创造力创造了良好的环境,但由于我们不能专注,因此最终让洗澡水和"婴儿"(比喻创意)一起被冲走。

创造性思维,更确切地说是产生创意点,在第 4 象限是能够实现的。但是,对于我们来说,为了能够捕获、留住、使用这些点子还需要借助第 2 象限(见图 1-19)。在第 2 象限,我们并不仅仅只是留意到好的想法,而且还能够集中精力捕捉它们,以便应用并实践这些点子。在第 4 象限,最关键的是让我们的注意力放松。紧张会让我们的创意流封闭,放松会使新的、有创意的点子浮出水面。

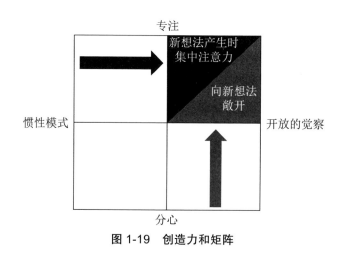

图 1-19　创造力和矩阵

可以肯定地说,我们都希望自己更有创造力,更有能力提出有创意的想法和见解。阻碍创造力的真实原因之一就是我们太忙了,我们觉得没有足够的时间或精力完成每个步骤,但正如你之前发现的那样,培养创造力不一定需要花费很多时间或对日常生活进行重大革新。仅仅几个简单的、有意识的改变,就可以培养一个更在当下、更冷静和更有创造力的大脑。

许多新想法的产生往往会带来改变。下一技巧我们将探讨正念如何帮助我们管理变革。

提示与反思：创造力

- 许多情况并不利于培养创造力，如当我们面临压力、不停地被打扰时，都很难产生新的想法。
- 有创意的见解不是通过思考产生的。真正的创意是当我们暂停思考，利用我们潜意识的力量激发出来的。
- 我们的潜意识比我们的意识丰富得多，挖掘这些潜意识所包含的内容能够为我们带来创意的源泉。
- 培养创意有4步：明确问题、暂放问题、给予时间、激活大脑。尝试一下这个过程，看看它们在你身上的效果如何。

技巧 #8

变革

我们都听过这么一句谚语:"生活中唯一不变的就是变化。"然而,知道这个道理与真正学会接纳是两码事。

我们都是习惯性的生物。实际上,科学表明,我们大约95%的行为都是基于习惯[1]。换句话说,只有5%的行为是基于有意识的选择。不只是生物性上的习惯,大脑神经系统也是倾向选择不变的事物,因为熟悉感使我们感觉更安全。

当事物发生变革或产生不确定性时,常常令人不安,我们觉得失去了控制。不能接受"一切都是变化"的这一事实,是我们感到痛苦的主要原因之一。正念训练可以成为一个强有力的管理改变的工具,它可以帮助你重塑大脑神经,使其更能适应变革。

接纳不断改变的现实,是一件使我们充满力量的事。当我们在工作中度过了美好的一天或者充满挑战的一天,但不会期待第二天与第一天是一样的时候,我们在面对改变时就有了更强的适应力。接纳不断改变的现实,是实现更加平衡、更少压力、更加健康,以及最终达到心态平和的基础。

不能说全部,但大部分的工作环境经常发生改变——工作流程、工作系统、人事变动等。这样的情况慢慢验证了摩尔定律,并随着技术发展触及越来越多的行业,这个趋势变得愈加真实。我们如何管理这些改变,对我们的幸福感和发挥潜在的能力都至关重要。

本章节技巧重点讲述正念如何帮助你管理外部发生的、不可控的改变。我们还将探讨我们为何会抵触改变,拥抱抵触的力量,以及如何从思维上一步步管理改变的方法。

我们先探索面对改变的惯性反应:抵触。

了解抵触

想要了解抵触的本质，我们首先需要更多地了解潜意识。潜意识通过不断地洞察周围的环境，从所有的感官中获取数据，下意识地指挥我们的行为。潜意识是由自我保护驱动的。如果我们的潜意识察觉到周围有什么东西会带来威胁，我们会被迫采取行动。当然，如果没有这样的过程，我们可能无法存活到如今。至少我们祖先生存下来的概率就会变小。

今天，挑战来自我们容易对工作中的变化做出下意识反应，就像我们祖先对即将到来的长毛猛犸象做出的反应一样。这是一种生存本能。

就如电路的流通需要确定的路线，我们的自然反应就是抵触环境中的不确定性。事实上，如果我们没有对改变产生抵触，反倒很奇怪。因为我们是习惯性生物，做出任何改变都需要付出努力。即使这个改变是我们想要的，仍然需要付出努力，克服那些想要保持不变的神经冲动与根深蒂固的惯性模式。

《星际迷航》中有一句经典台词"抵触是徒劳的"。由于我们对改变的抵触完全是出于本能，因此更精准的说法应当是"对抵触的抗拒是徒劳的"。当我们试图抗拒内心的抵触时，只会带来更多的抵触情绪。而这些情绪造成了内心斗争，并引起愤怒、挫折、压力和焦虑。抗拒抵触并不能帮助我们往前走，相反，它会对我们的身心健康造成负面的影响。

应对抵触，从而能更好地管理改变的关键是面对与接纳。

接纳抵触感不仅会更健康，而且还具有指导意义，既能让我们接纳改变，又能慢慢地改善改变的过程和结果。

拥抱抵触

赫勒是一家总部位于欧洲的大型日用品制造商的中层经理，她分享了自己在大型的组织重组中运用正念管理变革的经历。她被要求在事业部内执行一个她深知不受欢迎的变革，她尽了最大努力优化这个过程，但这样的消息对她来说仍然难以传达，并且整个团队也难以接受。

会议结束后,她的一名员工走进她的办公室,希望和她谈谈关于这次提出的变革。他们最近参加了一个关于正念管理变革的研讨会。她做了几组正念呼吸训练,以确保自己能够保持一个相对开放的心态,而不会触发威胁性的应激反应,然后让她的员工进到办公室。

这位员工非常平静,这也让她能够专心倾听。他说他花了一些时间来理解这个变革的消息,也承认有一些抵触是正常的。他还认为,他已经在推出的变革议案中发现了一些漏洞,如果能够被解决,可能会使每个人更能接受这个过程。

赫勒很开明地倾听了他的意见,并一起做出优化方案。赫勒对他表示感谢,他们也彼此分享了对此次互动的喜悦之情,并讨论了如何把他们在正念学习小组里学到的原则运用起来,让变革的过程变得更加轻松。

通过正念的方法管理不可控的改变就是察觉它、接受它并从中学习。保持中立地观察自己的抵触情绪,你就可以从中为你的大脑创造空间。在自己惯性反应前停留一秒,就可以体会到受到威胁后所做出的惯性反应与有意识地做出建设性的回应之间的区别(见图 1-20)。

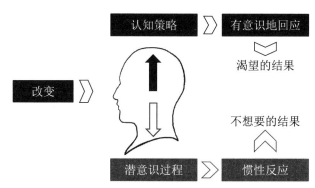

图 1-20　有意识地管理改变

对赫勒来说,这意味着在面对改变之前做一个深呼吸;对她的员工来说,这意味着保持冷静并认识到最初的抵触是正常的。

当然,承认并观察抵触情绪与克服由它所引起的负面情绪是截然不同的。一旦你从抵触情绪中退后一步,它就不再蒙蔽你的头脑、消耗你的能量。

一旦你能够观察抵触情绪,看看是否能从中感受到什么。你抵触的原因是仅仅由于对熟悉感的自然倾向还是因为你觉得这样做并不合理？探索理解抵触的潜在驱动力可以让人有更多的洞察。

保持头脑清晰，深入理解抵触情绪，你就可以更理智地做出回应。你可以选择接受改变，放下抵触，让自己继续向前；或者选择带着专注和觉察的心态去抵抗改变。

虽然改变是永恒的，但管理改变并不容易。要改变我们的行为，我们需要两样东西：动机和支持（见图1-21）。

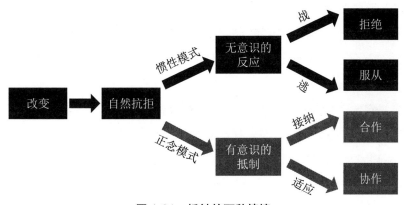

图 1-21　抵触的两种情境

优化管理变革的流程

与改变一样，动机可以来自外部，也可以来自内部。当改变纯粹是由外因引起的时候，如强迫要求，内心毫不接受，人们可能会改变他们的行为，但比较大的可能性是抵触和不满。可能表面上顺从，但这种顺从常伴随着不情愿而且不可持续。如果有机会回到原有的惯性行为，大多数人会退回到惯性行为。

但是，如果变革的外部动机在内部被接受，那么可持续地推行变革的概率就高得多。这是正念管理变革的力量。

有了正念，我们就可以面对并接受自身对改变产生的抵触，可以明智地选择接纳改变还是正念地抵抗。就像我们前面所述赫勒和她同事的例子，带着正念的抵抗甚至能够帮助变革的过程。

最后，面对改变时，如果放任自己被下意识、惯性的反应驱使，结果往往

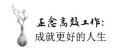

是不必要的痛苦和不尽人意的结果。然而，如果我们能将正念运用到变革的过程中，我们就能面对和接纳我们的抵触，为我们自己和他人寻求更优的结果。通过正念训练，我们既能培养前进的动力，也可以培养实现理想结果的能力。下面是正念管理改变的五个步骤。

正念管理改变的五个步骤

（1）**察觉改变**——第一步很简单，就是意识到事情正在发生改变。尽可能多地获取关于改变及其可能需要的信息。理想情况下，这个过程需要培养的心态是接受现实是不断改变的，这会使好奇心而不是恐惧成为探究背后的驱动力。

（2）**察觉抵触**——第二步是觉察到对改变的抵触。如果你认为自己没有抵触感，再好好想想。抵触改变是我们的天性，抵触没有错，它是非常有启发性的，能够帮助我们深入了解如何更好地管理改变。当你觉察到抵触情绪时，不要试图逃避或反抗它。

（3）**观察抵触**——第三步是观察抵触感。寻找理解它的来源并发现它背后可能隐藏的东西，看看是否能从中学到一些信息来帮助优化变革管理的过程。

（4）**正念地选择你的回应**——当你对改变与随之而来的抵触有了深入的理解后，你便能选择你的回应方式。它可能意味着你会选择全面接纳改变，放下抵触；也可能意味着你会通过谨慎地提出其他方案来巧妙地影响改变的过程；还可能意味着你选择不接受改变，因为你意识到这不是最好的选择。不管你做出什么选择，都需要用冷静、清晰的心态来决定。

（5）**做出回应**——最后一步是根据你的选择做出回应，这就是你前进的方向。尽管这一步将帮助你更好地管理改变的过程，但这并不意味着这一步很容易。承认改变习惯模式是不容易的，这是有帮助的。在这个过程中，你可能会持续遇到阻力和挫折。在这一步中，确定并接受管理改变所需的支持是非常重要的。这可以是参加培训、接受指导，或者练习正念。正念带来的帮助是，当你经历改变过程时，你可以继续应用它，使转变更容易和更成功。

唯一不变的是改变。我们成长的唯一途径就是适应和拥抱改变。当我们下意识地抵制改变时，我们会给自己和他人造成不必要的痛苦。当我们用正念拥抱改变时，我们能够采取行动来改善我们的健康、幸福和实现我们的潜能。当我们用正念管理变革和抵触时，我们会前进、学习、发展、保持平衡，并为自己和他人寻找更优的成果。

下一章，我们将探索用正念增强精力。

提示与反思：正念地管理改变

- 改变是持续的，我们对改变的抵触也是如此。我们是习惯性生物，不喜欢改变，尤其当被迫接受改变时更是如此。
- 理解我们的抵触，使我们能够将惯性的抵抗与正常的担忧区别开来。这会让我们学习接纳和/或善巧地回应。
- 有意识地察觉我们的抵触并善巧地回应是变革成功的可靠方法，能使我们更有合作意识和团队精神。
- 回顾你最近在工作或家庭遇到的各种改变，如何运用正念让自己或他人更受益？

技巧 #9

精力

每天上班都像一次长跑,就像马拉松运动员,你需要有足够的体力和精力才能跑到终点。我们大多数人都知道人的精力主要有3个来源:充足的睡眠、良好的营养和体育锻炼,但第4个——大脑自身能量的消耗与维持,却经常被忽视。

后面3章的技巧会探讨正念能够帮助你提升睡眠质量、改善饮食习惯以及提高运动效能。不过本章节将会为你介绍一种通过管理思维来提高精力的最佳途径之一。让我们先来看看大脑中的想法如何影响你的能量,以及正念如何帮助你保存精力。

想法、想法的漩涡和能量

自然界中有些动物通过冬眠来保存体力,以便顺利度过寒冷的冬天。冬眠会降低身体的新陈代谢,让动物能够在很长一段时间里靠极少的能量存活下来。

现在,想象一下,你也可以用类似的方式保存你的精力,让你一整天都精神饱满,并且在你需要的时候能够获得更多的能量。事实上,你是可以做到的,而且不必睡上一整个冬天。正念训练带来的效果实际上类似于冬眠的效果。

在一项关于正念对能量消耗影响的研究中,研究员约翰·丁易·杨和尤金·泰勒要求实验对象安静地坐着并将注意力专注在呼吸上。当实验对象静坐的时候,研究人员对他们的生理机能进行了监测。[1] 几分钟后,研究人员发现实验对象开始出现类似于动物冬眠的一些变化,如氧气消耗降低、呼吸放缓。尽管实验对象的大脑处于清醒并专注的状态,但他们的身体却进入了一种类似深度睡眠的状态。如果在短短的几分钟里就能产生这些变化,试想如果经过大量练习你将能保存多少精力。

有研究表明，在没有经过日常训练的情况下，在白天，我们的大脑有一半的时间处于漫无目的地游荡状态。[2]而当我们走神，即无法专注时，就会耗费一部分精力。而这不仅仅只是走神消耗宝贵精力的问题，你在想什么也会给你造成很大的影响。例如，当想到让人担心焦虑、沮丧或生气的事情时，我们很容易陷入这些想法的漩涡而无法自拔。

对很多人来说，消极情绪会很容易消耗我们的精力，但若陷入积极情绪的漩涡而不能自主时同样也消耗能量。我们都有过急切地期待一件事情发生的经历，这个过程我们很难抑制激动的心情，会忍不住去想内心的期待。尽管这些想法是积极的，但我们容易深陷其中，无法把控，而且这些想法消耗掉的葡萄糖和氧气正是大脑所需的养料。我们的想法对身心健康有着非常大的影响。无论是积极的还是消极的想法都可能让人感到身心疲惫。

正念训练可以增强你的专注力与自我觉察，从而给自己时间和能力去选择专注的目标，同时还能帮助你用最好的方式保存精力。

强化精力

关于保存精力，正念可从以下4个主要方式来帮助你：投入当下、保持平衡、做出选择、顺应精力浮动周期。

4种保存精力的正念方式

（1）**投入当下**——投入当下是指身心都在此时此刻，这是一种简单易行的保存精力的方式。当我们的大脑胡思乱想时会消耗精力，而我们本可以把这些精力用在更有价值的事情上。做一个选择，投入当下可以帮助我们更好地管理精力。

（2）**保持平衡**——觉察到消极的或积极的思绪漩涡，能帮助我们保持平衡。意识到思绪容易陷入对我们有吸引力的事情与远离那些让我们厌恶的事情的倾向：趋利避害，这是非常有力量的。通过保持心理平衡，可以帮助我们进一步保存精力。

（3）**做出选择**——要管理精力，我们必须明白哪些经历会对精力构成影响。这种觉察能够帮助我们合理地安排时间，避免一心多用的状态。遵循心理效能的第一条准则，做出选择并坚持。注意观察当你不再来回切换不同任务后，你的精力会有什么变化。

（4）**顺应精力浮动周期**——在一天当中，我们的精力会有周期性地自然消长，这个周期与我们的睡眠、营养和身体运动有很大关系。很显然，我们的心理状态不可能总是处于最佳状态。对大多数人而言，在经过一夜良好的睡眠之后，早上的能量水平最高，然后随着时间的推移逐渐下降，午饭后到达一个低值，下午又会重新升高。留意到我们能量的波动规律，对我们安排工作内容和时间都有非常大的战略意义。例如，当你需要做一项非常复杂的分析或解决一件棘手的问题时，最好的时机就是我们的能量较高的时候。而诸如整理邮件之类的事情，在能量水平较低的时候也能够有效地完成。

正念训练还能帮助你用更深入的方式保存精力。我们注意力越集中，就越能觉察到自己思绪的变化过程，也就越有可能发现自己所制造的困境。

琳达是美国一家大型研究机构的主管，在参加完精力管理工坊后，她注意到看电视对她的精力带来了负面影响。

以前，在漫长的一天结束后，她喜欢看会儿电视放松自己。但是她发现，通常情况下，看电视其实是消耗能量而非赋能。她决定进行试验，晚餐时关掉电视，然后一家人出去散步或者在外面待一会儿，看看这样做对精力有什么影响。

虽然最初家人有些抗拒，因为还要克服难以改变的习惯，但经过几天的试验后，琳达惊喜地发现她在晚上的精力比之前更充沛了。此外，她还惊讶地发现家庭时光的质量也有了很大的改善。

琳达深受这些转变的启发，开始绘制一天中她的能量浮动图，并根据她的能量水平安排与之匹配的活动。例如，她发现每天早晨她的精力最旺盛，她就重新调整时间表，每天早起工作，阅读科学文献、做报表。再如，她明显感觉到上午10点半左右精力有些减弱，于是她安排这个时间来查看收件箱。

我们也是一样。面对不确定性、压力和日常的烦恼，我们容易不由自主地想到最坏的结果。值得庆幸的是，通过正念训练，我们可以学习尽早地发现消耗我们精力的"问题"源头，从而帮助我们更合理地分配精力，也知道通过哪些方式保存精力。通过留意我们如何分配、保存和保持4种能量来源（睡眠、营养、锻炼和我们的思维），可以帮助我们在快节奏和高压的环境下更好地管理精力，同时也减轻压力，增添一份内心的平静。

下一个技巧将介绍如何通过正念改善睡眠。

提示与反思：正念管理精力

- 我们的想法不只是空气。我们在想什么以及思考的时间，无论是积极的还是消极的想法，都会对我们的精力产生巨大的影响。
- 在接下来的一周，花点时间关注你的想法如何影响你的精力，以及在一天中你精力的起伏变化。
- 尝试考虑这4种帮助你增强精力的方式：投入当下、保持平衡、做出选择、顺应精力浮动周期。

技巧 #10

改善睡眠

啊！睡眠！

美妙的睡眠！极好的睡眠！

回想一下，你什么时候有过连续两三个晚上都睡得很好的经历？希望那不是很久以前的事。也许是你休假的时候，也许是你周末在家的时候。想想这种睡眠状态对你的情绪有什么影响，对你的创造力和精力有什么影响，以及对你的注意力、清晰度和执行力都有什么影响。如果让我打赌，我猜你的注意力是敏锐的，大脑是清晰的，执行力是非常强的。

接下来再回想一下，上一次你睡眠不足是什么时候。也许是深夜十一点你还有一个重要的报告要完成而不得不加班，也许是感觉不舒服睡不着但第二天一早还要早起上班。大多数人认为睡眠不足会严重影响我们的表现和健康，这一点也得到了越来越多的研究证实。

许多科学研究显示，缺乏睡眠是一系列心理和生理紊乱的根本原因之一[1]。即便是轻度的睡眠不足也已经被证实会对逻辑思维、执行力、注意力以及情绪产生负面的影响。严重的睡眠不足会导致抑郁、焦虑、偏执甚至昏迷或死亡（见图1-22）。虽然人类可以在没有食物的情况下存活数周，在没有水的情况下最多可活一个星期，但在缺乏睡眠的情况下只能存活4天。

尽管大家都认同睡眠对我们的身心健康有着不可替代的重要性，但是我们往往最先牺牲睡眠。由于日常的忙碌，睡眠经常被搁置于优先事项的最后。毕竟，一天中只有那十几个小时。但即便是轻度睡眠不足也能导致行动力下降，导致身体健康下降。

第1章 正念职场技巧

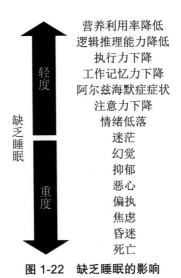

图 1-22　缺乏睡眠的影响

值得庆幸的是，研究表明，有规律的正念训练能够很大程度上改善你的入睡状态和睡眠质量[2]。无论你是只需要一点睡眠时间的人，还是需要很长睡眠时间的人，提高你的入睡速度和睡眠效率，能增强你的行动力，能让你更好地利用时间。

本章节技巧将着眼于几种正念地入睡和醒来的方式。开始之前，我们先来了解3种能让你睡得更好的基本方法。

方法 #1　捕捉褪黑素波

在你的大脑和身体中有一种复杂的神经化学混合物质，该物质中最重要的一个成分是褪黑素，它决定了你的睡眠质量。褪黑素是由大脑内部的松果腺分泌出来的，它能够让你放松、有睡意最终进入梦乡[3]。它是一种很棒的药物，一种有机的、天然的药物。如果你练习留意它，跟随它的节奏，你会喜欢上睡觉，并在夜间有更好的睡眠质量。

在一天24小时中，褪黑素的分泌有它自己的规律：白天非常少，夜晚开始增加，并在凌晨2点左右达到峰值，[4]到第二天早晨褪黑素又重新回到白天的最低水平。就像图1-23所示，在日夜变化的过程中，褪黑素的波峰和波谷形成了一条漂亮的波纹。

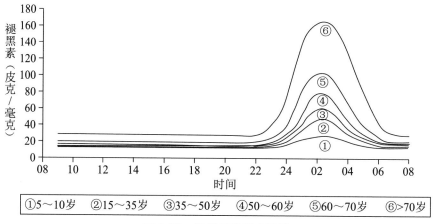

①5～10岁　②15～35岁　③35～50岁　④50～60岁　⑤60～70岁　⑥>70岁

图 1-23　日常褪黑素水平线

这条波纹可不仅仅是一条看上去不错的曲线,实际上,你能通过追随它的变化获得更好的睡眠。如何做到呢?这就像冲浪。想要成功地冲到浪尖,你要从波峰形成之前就开始追逐浪波,然后让它载着你睡一个好觉直到黎明的岸边。

捕捉褪黑素波的关键在于觉察与留意,在深夜来临前留意到自然的困倦感和放松感,并在你准备入睡时保持这种意识。如果你尝试让自己保持清醒——这种情况很有可能发生,并且许多人都会这么做——你将会错失捕捉褪黑素波的机会,就像追逐已经断裂的浪波,它也许会将你推向岸边,但也不会是最令人愉快的或有用的过程。

除了与自己的褪黑素周期同步外,另一种获得更好的睡眠的简单方法是在睡前减少甚至是杜绝面对屏幕时间。

方法 #2　睡前 60 分钟关掉所有屏幕

如果现在你正躺在床上通过显示屏阅读本章,那么请停下。

你的智能手机、平板电脑、笔记本、电视以及所有带屏幕的电子设备都会阻碍你捕捉褪黑素波。为什么呢?因为所有这些屏幕设备都会发出一种高频的蓝光,这种蓝光会抑制你的松果腺,进而抑制褪黑素的产生。[5]过去太阳光是神经系统时钟的唯一光源,而现在人造光完全把自然的节奏平衡打乱了。

简单地说,就是屏幕光阻碍了你的睡眠质量。就像你的大脑把蓝光解读为太阳依然还挂在天上，而实际上太阳早就落山了，你也早就应该睡觉了。

为了避免这种由于蓝光照射所导致的生理混乱，入睡前一小时关掉所有的屏幕设备。所有的！听上去可能很难，但确实有效。这对睡眠质量的影响，进而对心理和生理机能上的影响不言而喻。

当然，戒掉任何一种习惯都是很困难的。为了能够促进这种改变，你可以尝试用感知型的活动来替代这睡前 60 分钟的屏幕时间。

方法 #3 睡前 60 分钟的感知型的活动

想太多是深夜能否自然放松和有睡意的另一个阻碍。像热烈的交谈、回复电子邮件、工作或者阅读之类的抽象性活动会使你的精神兴奋，抑制你的自然睡意；然而，像洗碗、散步、听轻音乐之类的感知型活动能帮助你在褪黑素开始增加时抓住它的波动。只要注意褪黑素的变化，就能帮助你更好地适应它的节奏。

在你说"那是不可能的"之前，先想想你每晚睡前的习惯。即使你通常在睡觉前还一直在计算机前工作，但也没有绝对的理由让你必须如此。

梅丽莎是澳大利亚联邦政府的一名雇员，当这些方法第一次被介绍给她时，她认为是完全不可能的。因为平时，大多数夜晚她都是在她的计算机前或用平板电脑或手机工作到直到上床睡觉。不过她受到科学依据的影响和触动，愿意尝试寻找一种行之有效的方法。

在和她的团队成员沟通之后，梅丽莎决定重新调整她的晚间安排。原来晚餐后她会马上洗碗和做一些其他实务性的事情，现在她决定把这些事情留在睡前一小时再做，来取代睡前还在屏幕前工作。这样的调整让她能够保持晚上继续工作的习惯，同时又让她在睡前一小时远离屏幕做一些感知型活动，从而有机会留意褪黑素的波动。

只需要对你的晚间活动做一个小小的调整，就能够让你的大脑在夜晚入睡前平静下来，进而更符合身体的自然节奏。所以，把诸如洗碗、遛狗、倒垃圾之类的事情留在睡前最后一小时去做。有时候缓一缓反倒能带来一些帮助。

然后，随着我们在一天的最后几分钟慢慢释放，思考下面这些有关正念入睡的方法。

正念入睡

你的卧室看上去怎么样?是干净整洁还是乱七八糟?是一个安静的空间还是一个混乱的空间?你越能把你的卧室整理成适合休息的氛围,你的状态就越好。让你的卧室成为一个没有杂念的地方,进门之前检查是否有屏幕设备,是否还在继续探讨严肃的话题。

在将你的卧室整理成适合休息的氛围时,下面这几步能帮助你平复思绪和更好地抓住褪黑素的波动。

正念入睡

- 躺下前,坐在床边,闭上眼睛,做一分钟或几分钟正念练习,按照本书第3章所述。允许任何未解决的事情出现在脑海里,然后放下。通过呼吸让自己安定下来,放松身体,放松大脑,呼吸,放下。
- 平躺。以一种平和的觉察保持呼吸,呼气时放松身体和大脑。不需要将注意力专注在呼吸上,那样会让你更加清醒。只是放松、放下杂念即可。
- 过一会儿,你会体验到意识逐渐减少。当这种情况发生时,翻转至右侧位,放下任何觉察,让自己慢慢进入睡眠状态。

半夜如有醒来的倾向,重复前两步。如果你醒来时焦虑不安——也许是因为你有一个重要的会议即将面临,同时又需要你休息——鼓起勇气面对这种焦虑。

基本上,睡眠障碍的根源就在你的头脑中,无论是压力、不确定性,还是其他的,这个问题只能从源头上解决。

我已经讲解了正念如何帮助你入睡并享受高质量的睡眠,除此之外,正念还能帮助你醒来时更好地迎接新的一天。

正念醒来

是否曾有起床气或在焦虑中苏醒的经历?

事实证明,起床气这种常见症状背后是有一定科学依据的。实际上,研究者已经发现大多数人在醒后的几分钟里血液中的应激皮质醇激素最高[6]。当我们立即开始思考在接下来的一天要做的事情时,就会触发这种早期皮质醇到达高峰。

令问题变得复杂的是,一旦皮质醇被释放到我们的血液中,我们的身体会需要很长时间和大量的能量来降低它的水平(见图1-24)。当我们第一次醒来时,大脑的自然防御机制还没有被激活,这就导致了我们的一天是从压力中开始的,而且还会消耗非常多的能量。

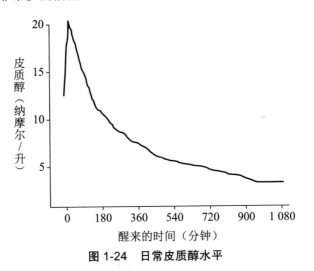

图 1-24　日常皮质醇水平

让自己在平和中醒来能让你节省很多没有必要浪费的能量,好把这些能量用在余下的一天中。正念能够帮助你将皮质醇在早晨的触发降到最低,甚至可以彻底地躲开这段时间的骤增。这可是在你起床之前就有的机会,以领先一秒的方式开始新的一天,还是一开始就已经落后了(带着压力醒来),会有完全不同的效果。如何正念地醒来,请参考这些步骤。

正 念 醒 来

- 当你醒来时,一定不要开始想事情,就只是感受你的身体,留意你的思维,但是不要陷入任何想法中。坐在床边,做2分钟正念训练(参考第3章)。专注于你的呼吸上,放下任何想法。

当你为最佳睡眠做足准备时,你的大脑会更专注和清晰。简单地说,你将会拥有更好的一天。虽然拥有一个非常棒的睡眠需要改变一些固有的习惯,还需要睡前和醒后做几分钟正念练习,但是益处是不可估量的。尝试一个月,看看对你有什么用处。

下一个技巧将通过探讨什么时候吃、如何吃、吃什么来进一步提高精力。

提示与反思:正念改善睡眠

- 花点时间仔细思考一下你的睡眠模式。晚上有充足的睡眠吗?当你上床后能很快就入睡吗?对你的睡眠质量有什么感受?卧室有哪些可以改进的地方吗?
- 选择一种或两种睡眠方式尝试一周,留意观察这些方式对你的能量和效率的影响。

技巧 #11

饮食和能量

常言道,人如其食。

你所吃的食物与保持专注的能力、大脑清晰度以及效率息息相关。此外,在恰当的时间,适量吃合适的食物,是提高能量水平的可靠方式。

我们许多人过着忙碌的生活。当我们处于压力之下,陷入无止境的日常事务时,就比较容易养成不良的饮食习惯。这意味着合理饮食成为日常的挑战,尤其是在当今快餐如此普遍的时代。

虽然自律可能会让你的饮食习惯慢慢有所改善,但是正念地享受你喜欢的食物能让你以舒适,甚至愉快的方式来获得你所需要的能量,同时也可以改善健康和提高幸福感。

本章节技巧将会解释我们的大脑如何诱使我们养成不健康的饮食习惯,还包括正念如何帮助养成更健康的饮食习惯,而不是一味地满足一时的渴望。为了真正从正念饮食中受益,需要遵守3条基本原则:由你的胃决定是否进食、避免血糖迅速增加以及正念一分钟。

原则 #1 由你的胃决定是否进食

我们的眼睛比胃更容易感觉饥渴。

这并不只是一个俗语,而是康奈尔大学研究员的实验结果[1]。在一项研究中,参与者依次进入房间,每次一人,房间里有一把椅子、一张桌子,桌上有一碗汤和一把勺子,进去后参与者会被要求喝汤。一半的人不知道,当他们在喝汤的时候,汤会被一个连接在碗底的软管重新添满。这简直就是一碗怎么喝也喝不完的汤。

令人惊讶的是，从无限量的汤碗里喝汤的参与者比那些从普通碗里喝汤的参与者多喝了73%。当被问到是否喝饱了，他们普遍的反应是"我怎么能饱呢？还有半碗汤呢"。

为什么我们有时吃的会比身体实际需要的多呢？研究表明，当我们过于专注完成眼前的事情时，我们没有留意到胃实际已经饱了，但如果我们还继续吃，那就不是因为饿才继续吃，而是因为饮食习惯。

简单的健康饮食小窍门是让你的胃决定是否继续进食。没有必要马上吃完眼前的一切食物。冰箱和打包盒是现今社会极好的发明——明天再吃也不晚。当你饱了，停止进食，或者若能在感觉饱之前停止进食就更好了。清醒地意识到自己吃够了，不仅会帮助你吃得更好，而且也能让你感觉更舒服。

但是那些下午的快餐食品呢？事实证明，当谈到甜食时，你的大脑可能会有自己的想法。

原则 #2　避免血糖迅速增加

在加州州立大学的一项研究中，两组参加测试的人员被要求管理他们的能量、疲劳感和紧张情绪[2]。第一组进行10分钟的健走，第二组吃一颗糖果。

进行健走这组人员的报告显示其能量显著增加，疲劳和紧张明显降低；吃糖果这组人员的报告显示最初能量增高了，随后能量降低，疲惫和紧张情绪增加。

许多人在下午的时候，为了能快速解困，会让血糖像过山车一样快速增加。午饭后的一两个小时，我们的能量比较低，容易困——由于大脑误以为我们缺乏血糖而导致身体疲劳，因此下意识的反应是吃糕点、喝咖啡或者喝点功能性饮料，以快速提高我们的能量水平。糕点尤其是含糖的食物，虽然可以快速提高我们的血糖水平，但容易导致情绪不稳、脑袋发蒙和紧张。

过了一会儿，血糖水平急剧下降。当感觉疲劳和迷糊时，由于体内释放应激素、皮质醇和肾上腺素而造成恐慌感。然后我们很快又回到了起点——过山车的最底部——我们的大脑又开始渴望另一种快速补充能量的方法。为了更好地诠释这个循环，请参阅图1-25。

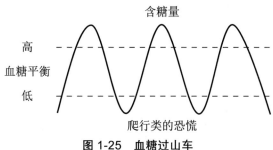

图 1-25　血糖过山车

无论你是在过山车的顶端还是底部，你的专注力和清晰度都会受到负面影响。事实上不管你感觉如何，身体还是大脑都不需要额外的糖分。然而，如果我们没有认识到我们的欲望，或者觉察到一天中能量水平的波动，我们就会很容易被骗坐上血糖的过山车（以为缺乏糖分而快速补充糖）。

我们怎样才能从血糖过山车上下来呢？

很简单！做 2 分钟正念练习。

原则 #3　正念 1 分钟

如图 1-26 所示，正念 1 分钟是用自我引导的方式来避免不必要的暴饮暴食的零食习惯。

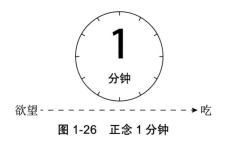

图 1-26　正念 1 分钟

每次在马上吃零食前先给自己 1 分钟的正念觉察时间，这可以减轻自然疲劳带来的饥饿感。关于正念 1 分钟的方法很简单。

正念1分钟

- 下次当你想吃东西时,先暂停。
- 自己用心观察这种欲望的过程。允许欲望的存在,而不是卷入或忽略。这并不意味着要给自己设置严格的纪律并控制冲动,仅仅是在你吃东西前的一个正念时刻。
- 问问自己感觉如何?在身体的哪个部位体会到这种感觉,胃里还是其他地方?这种感觉有变化还是保持不变?
- 如果1分钟之后你还是想吃东西,你可能是真的饿了。那就吃吧。
- 如果1分钟之后,你没有那么想吃东西或不想吃了,那你就不是真的饿了,你的大脑在哄骗你。但是你更聪明,允许欲望的存在,只是观察它但不参与其中就可以拆穿骗局。

在忙碌的日常生活中,我们很容易养成不健康的饮食方式。例如安德鲁,他在一家大型欧洲银行的新加坡办事处工作了很长时间。虽然他享受他打包最喜欢的点心回家,有时候还有好吃的棒棒糖,但他并不喜欢他腰围的变化。

起初,你觉得这种在吃本不该吃的东西之前等1分钟的建议很可笑。但随着时间的推移,你会慢慢接受改变,开始观察自己的欲望,而不是立即行动——吃东西。最终,你能控制自己的欲望。

安德鲁仍然会偶尔享受甜食,但是与惯性驱动行为相比,这种享受是一种有意识的选择。他也注意到,当他理性地选择吃甜食时,虽然吃得更少,但更享受甜食了。

虽然控制自己不要盲目饮食很重要,但在恰当的时间吃适量的食物也不可忽视。事实上,这3步正念饮食法可以浓缩成一个主要的原则:吃你想要吃的东西,但要时刻保持正念,觉察自己并不是出于惯性而想吃东西。

正念饮食的本质

如今有数以千计的饮食建议，每一个都声称比上一个更有效。每个都对你能吃什么不能吃什么有着严格的规定，有些甚至要求你彻底改变你的生活方式。不过大部分建议都至少要求你要克制、自律和控制冲动。也许这些方法都有用，但结合正念可以增加你成功的机会。怎么做呢？通过追溯不合理饮食习惯的根源：大脑。

当你正念进食时，你会意识到你什么时候已经饱了。你会吃得更少一些，你也会更享受食物本身，因为你真的在很专注地进食，你以一种温和的方式克服了大脑反应的缺陷，同时补充所需的食物来保持身心能量。

现在，好好地享受你的下一次用餐，更清晰地觉察自己的眼睛和胃的感觉，即下意识和真正饥饿之间的差别。

下一个技巧将探讨正念和体育锻炼的结合如何进一步提高能量。

提示与反思：正念饮食和能量

- 用客观而好奇的态度来反思你的饮食习惯，特别是这些习惯如何影响你的能量和效率。
- 思考这几个问题：吃什么能让你更精神、更专注、头脑更清晰？你通常需要在什么时间进食？而这对你的状态有什么影响？一般情况下，你摄入的食物量是否过多或过少，或是否与你的身心状态保持平衡？
- 用一个星期尝试以上一个或两个正念饮食方法，看看对你的能量水平有何影响。

技巧 #12

运动和能量

回想你上次出去散步或者完成一次非常棒的锻炼时,你的感觉如何?神奇的是,你很有可能感觉很好。

你的大脑和身体有了深层次的连接,能量在两者之间自由流动。当你的身体有积极的体验时,你的大脑也会很愉悦。

在这种方法里,关注身体就像关注大脑一样行之有效。优质而充足的睡眠、合理的饮食、积极的体育锻炼,是我们幸福感的基础。

当然,你不必靠跑马拉松、爬山或者做50个俯卧撑来获得想要的成果。任何一种体育活动都对你的身体和大脑有显著的积极影响。从游泳、园艺,到走楼梯替代坐电梯,任何能让你动起来的活动都能改善你的大脑、身心健康和幸福感。

在你的日常工作生活中,抓住一切能活动身体的机会。例如,骑自行车去上班,或者走10个街区代替坐公交车。仅仅10分钟的轻快行走就会让你感到精力更加充沛,疲倦感更少。除此之外,每天你有多少次会从办公室走到会议室、休息室或停车场?每一次这些小步行走都是多一点关注你身体的好机会。

与正念一样,有大量证据表明保持身体健康是有好处的。这个方法将探讨正念训练和体育活动将如何促进健康,提高专注力,提升清晰度。让我们先从关注体育活动重要性开始。

保持你的专注

在进行体育锻炼时保持一个清晰的专注点,把锻炼转化为半正念的练习,这将改善你的体验。下次锻炼时,留意你的思绪对你的精力有什么影响。当你在思考积极的想法时，会发生什么？如果是中立的想法呢？消极的想法呢？分心对你的精力会造成什么影响？

想法和分心会在不同程度上消耗能量。消极的想法最糟糕，但即便是积极的想法也有负面的影响。在你进行身体活动时，保持冷静、清晰和专注的思绪不会消耗你的心理能量，而且还能让你锻炼的时间更长。自己试试看，看看它如何对你产生作用，然后考虑放松和绩效之间的联系。

放松——放下不必要的努力

如同正念训练那样，放松对于有效的体育锻炼也是至关重要的。虽然把放松和体育锻炼等同起来似乎是矛盾的，但事实并非如此。明确地说，我并不是指你应该骑一辆卧式自行车或者靠在沙发上举重。这不是真正意义上的放松。放松是不做不必要的努力。放松是阻力最小的方式。

以自由潜水员为例，自由潜水员能在没有氧气瓶的情况下在深水中长时间潜游。曾经的世界纪录保持者瑟沃·林森曾在水下憋气20分钟10秒。通过呼吸和专注，他节省了能量，减少了耗氧量并提高了他的表现。当我们专注时，我们会减少能量的消耗，而且会变得更高效且有效率。

一个放松的身体，是没有不必要的紧张，有更大的忍耐力，而且通常能感觉到更加愉快。当你训练时，偶尔检查一下你的身体，看是否有不必要的努力或压力的信号，然后放松。你越是放松，你就能做得越多，你就会越享受它。

放松对于大脑来说也是很重要的，以避免胡思乱想和分心，但大脑需要一个专注的对象。你需要一个锚，而这个锚通常是你的呼吸。当你静坐时，呼吸是一个很好的锚，它在体育锻炼中同样强大有力。但单靠呼吸可能是不够的，还要使呼吸和身体锻炼的节奏自然同步，从而让你更高效。

关 注 节 奏

当我们锻炼身体时，我们的动作、呼吸和其他身体功能会有一个自然的节奏。利用这个自然节奏加强你的专注力。当你跑步或者走路时，使你的步伐和

呼吸同步。每一次吸气和呼气都走或跑一定的步数。通过这种方式,你可以很容易长时间地保持专注和稳定。这通常比专注于你的呼吸要容易得多。

保持专注和关注节奏有很大的帮助,尤其是当你感觉糟糕或经历疼痛的时候。大多数的不愉快都来自我们的想法,想法来自身体的感受或其他的干扰。你的注意力导致了你的现状。专注在不愉快的事情上,你的现状就会是不愉快的。请专注在你的呼吸和节奏上,每个时刻只感受一次呼吸。

当干扰出现时,不要试图压制它们。只需要一步接一步,保持吸气和呼气,不要去想自己还有多少时间。保持在当下,专注而又放松,那么不愉快或痛苦都会减弱。

任何形式的身体活动都能帮你获得更好的专注力和清晰度,你可以通过应用正念原则来提高你的绩效。正念可以让你保持专注、放松和节奏,提升做事的乐趣和效果。

下一个技巧将会探讨一个简单但却很有力的方法,通过在工作中规律性地休息来提高你一整天的工作效率和精力。

提示与反思:正念运动和能量

- 身心相连。如果我们想要拥有一个健康的、投入的和积极的思维,我们就需要有一个健康的、投入的、积极的身体。
- 回想你一周的运动量。你是否计划增加运动的机会?你是否计划从每次运动中得到足够的锻炼?
- 考虑如何借助专注、放松和节奏感来增强运动的方法,并借助运动来强化专注力、放松和节奏感。

技巧 #13

高效休息

我们大多数人都太忙了,从而忽略了休息。通常我们能有的休息时间就是吃午餐时,然而这也常是从去拿食物到带回办公桌前的区区 5 分钟。花点时间快速地思考两个问题:在工作日你多久休息一次?是什么让你不能拥有更多的休息时间?

有趣的是,我们不能休息的主要障碍其实不是公司或管理者。实际上,大多数公司和管理者都认可休息的重要性,他们甚至鼓励休息。

事实证明,很多时候我们无法休息的最大障碍就是我们自己。

但休息的确对我们的幸福感、身心健康以及绩效都非常重要。

更重要的是,我们需要的帮助提高工作绩效的高效休息时间往往不超过 1 分钟。

高效正念休息

对头脑来说,一天不休息就像经过一场马拉松跑步但没有喝水的身体一样——过度消耗。高效正念休息是一种高效率高回报的方式,能够让人保持头脑清晰与专注。

一次高效正念休息基本上就是一次非常简短的正念训练。"简短"意味着时长大概 45 秒。在工作期间,尝试每一小时做一次正念休息。

正念高效休息练习

- 放下手头的任务。你不需要去其他特别的地方,可根据你自己喜欢的方式,选择睁眼或是闭眼。
- 把你的全部注意力都专注在呼吸上。按照下面步骤,进行3次呼吸循环练习:
  - 吸气时观察你的呼吸,呼气时放松肩膀、脖子和手臂。
  - 吸气时感受整个吸气的过程,呼气时感受整个呼气的过程。
  - 吸气时,注意力慢慢变得清晰;呼气时,保持这种清晰。
  - 放下练习。带着放松、专注与清晰的状态回到工作中。

高效正念休息能让你的大脑从工作中持续不断的抽象性任务中恢复过来。抽象任务是一种"做事(doing)"的状态,主要是尽可能快速并有效地完成任务。然而,一次正念高效休息会迫使你的大脑进入"存在(being)"或感知的状态(perpetual state)。这种状态给我们的大脑纯粹感受"当下"的机会(译者注:关于doing模式和being模式,可以参阅译者翻译的另一本书:《正念冥想:遇见更好的自己》,书中有对此更详尽的解释。)。

抽象状态(conceptual)和感知状态(perceptual)是我们大脑的两种基本模式(见图1-27)。抽象状态主要是用来计划、解决问题和思考,我们大多数人大部分时间都是处在抽象状态下;感知状态指处于观察状态。

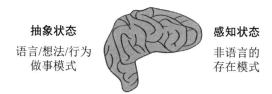

图 1-27 抽象思维和感知思维

让我们的大脑从抽象状态中进行几次有规律的小憩,这样做的益处有很多:让大脑重新注入活力,让头脑更加专注和清晰,让身体更放松,也能让我们打破行动上瘾的魔咒。

显然，你可能很难每个小时都能进行一次正念高效休息。参加重要会议的人通常都会对铃声感到不安，也会对中途离开去做呼吸练习的参会人员感到不满。如果你不得不进行休息练习，那也不是什么世界末日。你练习得越多，在余下的一天中你的状态就越能放松和高效。

尽管正念高效休息练习很容易做到，但它也很容易被忘记。我们开发了一款软件，好让这些练习能够很容易地融入你的日常生活中去，你可以在手机或平板电脑上使用这款软件，它会每小时提醒你一次。

如果每小时休息一次对你来说不适用，那么还有很多其他方式可以提醒自己进行正念休息。例如，每次电话铃响的时候，在接听前先做一个正念呼吸；再如，每次任务切换之间——如从参加会议到收发邮件、从收发邮件到去车里、从车里到家里——都可以做一个简短的休息练习。找到最适合你的方式即可。记住，每当你练习正念时，大脑神经之间会建立更多的连接，会让你在需要时能够越来越容易做到专注和清晰。下一个技巧我们来看如何利用经常被浪费的时间——有意识地利用通勤时间培养正念。

提示与反思：正念高效休息

- 我们的思维模式有两种：抽象思维和感知思维。
- 我们很多人在一天中运用的最多的是抽象思维，即主导思考和交流的模式。
- 高效的休息就是让你的大脑暂时放下思考，处于感知状态，这能增强平衡力和适应力。
- 思考有哪些方式可以帮助你把正念高效休息融入日常工作生活中。

技巧 #14

上下班时间

埃里克曾是美国加州一家国际技术公司的高级经理。因为要管理一个很大的部门,埃里克非常忙。对他来说,正念训练是非常重要的。当他练习时,正念会帮助他保持专注和理性。即便如此,随着时间的推移,他发现自己可以进行练习的时间越来越少了。

尽管我们做了周全的打算,但有时候现实世界总会有其他的安排。埃里克每天实际的日程安排——无数的邮件、一个接一个的会议、还要照顾3个孩子。每天10分钟的正念练习,对他来说即使不是不可能,也很困难。连续几周,他都在挣扎着把这10分钟安插进他已经安排满满的日程表里。

然后他有了灵感。

他上下班需要40分钟。每天早晨和每天下午,他都是自己在车里度过这40分钟的。

埃里克曾经认为上下班时间就是他的放松时间。但是,他越是意识到自己的身心运作方式,他就越意识到自己根本就没有放松。实际上,在这40分钟的时间里他是在一心多用,或者说至少是在试图处理事情——打电话、找音乐电台,或者是朝那些在高速路上超车的司机按喇叭。

结果,本应该平静的上下班时间,远比埃里克想象得要紧张得多。因此,与其把所有这些事务硬塞进一辆行驶的车里,埃里克决定拿出这个时段的部分时间做他的每日正念训练。反正不管怎样他都得经历交通堵塞,为什么不好好利用一下呢?这不但能帮助他更专注地工作,而且在一天结束的时候,能让他带着更在当下和更平和的心态回到家里。

你可能已经到办公室了,但脑子里仍然想着整个早上发生的事情;或者你可能已经下班到家了,但你的思绪还在处理工作。如果你经历过这两种状态中的任何一个，你就已经在处于惯性模式（自动导航）状态了。你牺牲了自己的效能、效率和幸福感。但最重要的是，你已经错过了生命中宝贵的时刻。

正念上下班是一种简单而又深入的方式，重新利用好这段时间并将这段时间花在值得的地方，以此来培养更好的专注力和清晰感。

正念上下班的要点

对于正念上下班，针对你的出行方式，这里有几点具体的说明。无论你是开车、乘公共汽车还是坐飞机，好好拿出一小段这些路上时间来进行正念训练，可以让你更加专注和高效。想要学习如何做到，请参考以下正念上下班的几点说明。

利用上下班时间提高专注力和清晰度

- **乘坐交通工具**：当路程较短，乘坐公交车、出租车或其他出行工具时，利用前5分钟（或者更长）和后5分钟（或者更长）练习第2章提到的ABCD专注力训练法。把自己的全部注意力都放在呼吸体验上，循环计数，放下杂念。

- **采用主动交通工具**：如果你是骑自行车、开车、骑摩托车或其他你能控制的交通工具，那么前5分钟（或者更长）和后5分钟（或者更长）关掉广播，休息一下，充分感受手在控制方向盘的感觉、脚踩踏板的感觉，以及周围的交通路况。换言之，充分感受你在驾驶、骑摩托车或自行车的体验上，放下其他的想法。

- **长途跋涉的旅途**：当你乘坐火车或飞机时（尤其是要跨越几个时区的长途飞行），正念练习是一种使你恢复精力和精神的好方法。只要旅程持续一小时，每小时拿出10分钟或更多的时间来，闭上眼睛，按照本书第3章的步骤进行正念训练。我经常从欧洲去亚洲、澳大利亚和北美参加各种会议，当我在空中练习正念时，我的时差反应会明显减少。

我们在上下班的路上所需要的时间,无论是按分钟计还是小时计,都是很宝贵的。与其让它们白白浪费在高速公路拥堵造成的挫败感上,或以为自己可以同时处理多任务的错觉上,不如利用这段时间培养专注力,提高思维的清晰度。允许自己从思绪中抽离出来,进行一次应得的休息,享受驾驶、骑车或坐车的体验。

有效地利用上下班时间,能够让我们在上班后保持头脑清晰,到家后能全身心保持在当下。通过正念上下班的方式,将工作和家庭分开,会提高工作与生活的平衡,这点将在技巧16中进一步探讨。这种平衡模式让我们在这两种环境中都能更愉快、更健康、更高效。

下一章节技巧,我们来看正念是如何帮助我们保持情绪平衡的。

提示与反思:正念上下班

- 思考一下,最近你在上下班期间是轻松的吗?还是这是一个压力重重的时刻,在这个期间,你试着同时打电话、听广播和思考即将到来的会议或工作上的想法?
- 正念的管理上班和下班的转换是提高平衡和复原力的绝妙方法。
- 在上下班时间做一些正念练习,能帮助你在上班后或到家时更专注和有意识地减少压力。
- 你上下班的路程通常是多长时间?考虑一下,可以像第3章提到的方法那样,考虑至少在策略上利用这段时间来训练正念。

技巧 #15

平衡情绪

在任何组织中工作都会可能面临挑战。每天我们都面临做选择并采取行动,这些行动会对其他人产生影响。虽然有些影响是积极的,但情况并非总是如此。当我们的行为对他人产生负面影响时,对方通常会做出情绪化的反应,而这些反应大多对公司以及他们自己的身心健康都无益。

情绪是人类情感的自然组成部分。若加以巧妙地管理,它们可以是快乐和能量的强大源泉;然而若管理不好,它们就会变成阻碍,成为懊恼、矛盾、遗憾的根源。

需要明确的是,平衡情绪并非抑制或摆脱我们的情绪,不是给情绪权力让它们控制我们的生活。实际上,拥有平衡情绪的能力是指不会被卷入情绪的起伏中。平衡情绪是一种有觉察的状态,能够察觉情绪从而用温和、坦诚和智慧的方式来管理它们。

平衡情绪来自有情商且训练有素的大脑,这样的头脑能够在情绪出现时注意到它并做出灵巧的回应。平衡情绪在工作环境中、在人们互动和合作方面会带来显著的效果。

本章节技巧将研究保持情绪平衡的基本方法。我们将探讨平衡情绪在工作中的重要性,以及为何难以维持情绪平衡。最后,我会给出几种方法以便在情绪波动过程中用正念保持平衡。

对情绪的基本反应

托马斯是欧洲一家大型制造公司的部门主管,他被要求解雇手下25%的员工。告诉这些员工他们失业,是他认为最糟糕的任务,并且很多同事都和他共事多年。这些迫在眉睫的谈话所带来的压力使他彻夜难眠,降低了他的工作效率,消耗了他的平衡和韧性。

托马斯知道在裁员会议上他将面对什么样的状况。他知道,当他看到他关心的员工难过时,他也很难过,而且这种难受的感觉会一直持续几个小时。事实上,如果他不难过反倒会很奇怪。

他人情绪的镜像呈现是正常的,这是你的镜像神经元在起作用。我们会在喜悦心理策略中探讨更多关于镜像神经元的研究结果。简而言之,当我们面对快乐的人时,我们大脑中的镜像神经元会让我们感受到类似的快乐。同样地,愤怒、悲伤和几乎所有其他情绪也是如此。

那么,托马斯面临的挑战就是如何专业地处理他的情绪。在他感到难过、惋惜甚至是悲伤的情绪下,同时保持一个冷静、清晰的头脑,让他能够最好地支持那些要接受坏消息的员工。

我们大多数人是通过要么压抑要么释放的方式来处理我们的情绪的。而压抑情绪中,情绪也需要有寄居之地。就像压下一个气球,把你的情绪压下去只是意味着它们会在其他地方再次弹出来。除此之外,压抑情绪会消耗大量的心理能量,而这些能量也占用了我们保持专注和清晰所需的能量。无论是主动地还是被动地把情绪发泄出来,在当时也许会感觉很好。即使发泄情绪一时有用,也只是一瞬间的事情。

把情绪的压抑和释放看作跷跷板的两端(见图 1-28),无论偏向任何一端都会失去平衡。

图 1-28　正念平衡情绪

与其选择前后两种对情绪起自动反应,不如考虑第 3 种选项。通过利用正念,你可以保持情绪平衡,甚至在面临困难的情绪时也能做到。下面是在工作和生活中有情绪时可以考虑和采取的方法。

保持情绪平衡

在正念训练中,我们努力培养心智能力、耐心和忍受不适的勇气。同时,我们学会用中立的态度来观察我们的情绪。在情感和自我之间建立某种距离,不再放任自己处于惯性模式,被情绪吞噬与控制,我们先暂停一刻。在惯性模式前停留一秒,给自己一点时间、空间和自由来做出有觉察且理性的选择。

当你采用这个技巧训练一段时间后,就能更好地在实际状况中应用。平衡情绪需要这4个步骤:觉察情绪,接纳情绪,耐心管理和平衡情绪,做出恰当的回应。鉴于我们一直都在和情绪打交道,图1-29将这些步骤描述为一个迭代周期:情绪出现—留心接纳—耐心管理—恰当反应。

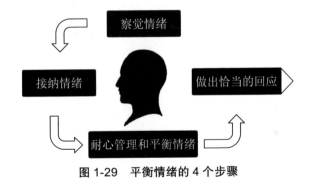

图1-29 平衡情绪的4个步骤

察觉情绪

平衡情绪的第1步是察觉情绪,这听上去很容易,但实际上并不像听起来那么简单。在我们日常忙碌的过程中,大脑已经被无数的干扰和堆积如山的信息所占据。在这种情况下受到情绪的冲击,我们可能会潜移默化地抑制自己的情绪,甚至是下意识地压抑情绪。当大脑积累了一定的情绪并压到了皮质前端,我们才意识到情绪的存在。因此,察觉情绪是管理情绪的第一步。

接纳情绪

保持情绪平衡的第2步是以正念地来接纳情绪。换句话说,只是观察情绪

然后留意它，但既不抑制它也不让它失控。第3章讲的开放觉察训练对这一步来说是一个很有价值的技能。能够将情绪视为一种体验而不是让它战胜你，进而削弱它的力量。你可以跟情绪共存，而不是一直不停地与它对抗。当你有觉察地接纳时，你的基础呼吸训练就能派上用场了。当观察情绪时，留意你的呼吸，让呼吸以舒缓的节奏来平复心情。

耐心管理和平衡情绪

第3步是运用耐心管理和平衡情绪。耐心，就是要有勇气面对不适的情绪。耐心会帮助你面对和包容情绪，而不是逃避情绪。

耐心能够帮助你安抚情绪，平衡能让你保持中立。平衡可以帮助你避免可能会产生任何下意识的厌恶或喜爱。有了用耐心和平衡接纳情绪的能力，你就可以保持专注和清晰，从而确定最佳的、最有效的回应方式。

做出恰当的回应

第4步也是最后一步是做一个决定，根据你对情绪的了解、对它的接纳程度，以及你的耐心和平衡，针对处境做出恰当的回应。当然，对于每种新的处境，恰当的回应方式也可能是不同的。

在面对解雇长期合作的同事时，对托马斯来说，这意味着通过这几个步骤平衡情绪。虽然正念不能够改变员工即将被解雇的事实，但它可以改变会议的气氛。是屈服于下意识的绝望，还是保持全神贯注、头脑清晰来帮助同事获得重新安置的机会，只是一念之差的区别。因为他觉得自己是真的在为团队服务，而不是单纯地陷入自己的情绪中，他能够更轻松地应对这场可能是极其困难且令人沮丧的经历。

虽然平衡情绪对我们的工作效率至关重要，但是大多数的我们还在平衡工作和生活中挣扎。最后一章节技巧我们来关注如何通过正念更好地平衡工作与生活。

提示与反思：平衡情绪

- 虽然我们都以不同的方式表达和经历着情绪，但不可否认的是，我们是情感生物，不可避免地会将情绪带到工作中。
- 花点时间回想一下，在工作中你是如何管理情绪的？你是竭力否定和压抑自己的情绪还是释放它们？
- 思考一下，面对和接纳自己的情绪对你有什么益处？无论是对你的健康状况，还是对你与他人的互动。

技巧 #16

平衡工作与生活

在电子邮件和互联网还没有出现的时代,大多数人可以把工作和家庭分开。当他们在工作的时候,他们就专注在工作上;当他们在家的时候,他们做一些家庭活动,如吃饭、睡觉、和家人朋友共度时光。

技术进步意味着我们现在可以随时随地开展工作,但是这也意味着"工作"和"家"之间的界限越来越模糊,模糊到几乎没有距离。

这种从"工作—生活分离"到"工作—生活一体化"的转变发生得非常迅速。在当今的工作环境中,许多人理所当然地认为他们可以、甚至应该一周7天、一天24小时都能被联系到。但是,工作与生活界限的模糊,对人们的健康、幸福感以及心理状态都有着重大的影响。

本章节技巧会列出工作与生活不平衡的根本原因,同时也会提供正念地应对工作与生活不平衡的方法。

了解工作与生活的失衡

平衡工作与生活是一种心态。对于每个人来说,这种平衡的标准是不同的。

露西是一家加拿大最大银行的业务经理。对她来说,她的生活出现正被工作主导的迹象,这是从她年幼的女儿口中得知的。一天晚上,当她正在讲睡前故事时手机响了,露西就停了下来,这几乎是一种自然反应。

她女儿看了看说:"去吧,妈妈。你去看你的信息,我会自己读完这篇文章的。"

在那一刻,露西意识到她的工作和生活失衡了。她发现自己工作时就会进入惯性模式,结果,她经常不能在陪伴生命中最重要的人时完全保持专注,甚至不能完全专注地给女儿读完睡前故事。

在正念训练的帮助下，露西很快就找到了问题的根源。停不下来的状态让她觉得自己很重要，但她对工作的盲目关注给她生命中最重要的人带来了负面影响。

当人们说他们在工作和生活的平衡中挣扎时，意味着工作已经妨碍了生活，感觉好像没有足够的屏障来分割工作与生活。

只有当人们察觉到这种失衡，或者意识到工作对生活的其他方面产生了负面影响时，失衡才是一个问题。例如，仅仅因为我选择熬夜赶报告或计划书，并不意味着我的工作和生活的平衡出现了问题。只有当它对我的平衡感，或者我生命中重要的人（如家人和朋友）的关系带来负面影响时，它才会是一个问题。对露西来说，女儿天真的话语突出了失衡带来的负面影响。

为了更好地平衡工作和生活，探索不同类型的失衡是很有必要的，运用正念的方式能够恢复失衡。让我们重新审视图1-30这个矩阵，这是一个可深入探索工作与生活失衡根本原因的架构。

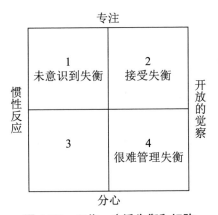

图1-30 工作—生活失衡和矩阵

处于第1象限的人们，许多人像露西一样，可能还没有意识到他们的工作和生活失衡了。最典型的是高成就者，这类人往往在他们工作中非常有效率。

因为他们能一心扑在工作上，而且因为在这个象限中，他们总觉得自己可以做更多的事情，所以处在第1象限的人认为一直处于工作状态是很正常的。

他们没有意识到工作对生活的其他方面产生了负面影响,他们往往把注意力放在了绩效表现上,这对其他方面都是不利的,直到家庭成员或健康问题日益突显出来。就工作与生活失衡而言,在第 2 象限的人工作是很专注的,却处于惯性模式(自动驾驶模式)。

处于第 1 象限的人专注于工作,而且工作效率很高;处于第 3 象限的人无论是在工作上还是生活中都缺乏所必须的专注。他们经常感到压力、紧张、不知所措,却根本没有意识到他们工作与生活的界限非常模糊,他们总是被分心的事物或想法所主导。

在第 4 象限中,工作与生活失衡已不是秘密。处在第 4 象限的人们知道他们工作得太多了,他们知道是自己让工作阻碍生活中其他重要的事情。尽管如此,他们仍然觉得这是被迫接纳的结果,自己没有选择的余地。他们虽然意识到了失衡,但感觉无法改变。

不管你在工作和生活的平衡上把自己放在哪个象限上,问题是:可以做些什么?如何进入第 2 象限,让我们学会管理失衡?

管 理 失 衡

每当涉及要管理工作与生活平衡的时候,总会遇到挑战。就像每逢要进行重要的演讲时,早晨起来你的孩子就会生病;每逢你答应儿子周六去看他的足球比赛时,你的老板就会让你加班工作,这些问题总是会不可避免地出现。还有多次你会因为工作要求的原因,无法好好吃饭、好好睡觉或者进行足够的锻炼。

换句话说,总是会有失衡的时候。

在这些时候,你不得不做出艰难的选择:你会选择待在家里陪孩子,但会让团队对演讲失望吗?你会告诉老板周六你不方便加班吗?你是否找到了更好的办法来关照自己,又或是把事情推迟到工作少一点时再安排——但可能会太迟了?

这些问题没有对或错的答案。最后,如何管理生活中的失衡还是取决于你。但是,通过正念的方式管理失衡,会给你带来两个主要的好处。

- **专注**：正念训练可以帮助你减轻日常任务和挑战的压力感。它有助于你理清思绪，接纳你不能改变的事情，做出明智的选择，把有限的注意力放在给大家都能带来共赢的方向。此外，它还能帮助你面对失衡时保持在当下，在你不舒适时能够观察它，而不是被它压垮。
- **觉察**：当你处于不平衡状态时，正念训练可以帮助你保持觉察。它能帮助你避免陷入惯性模式，这种模式无论是对你自己还是对你周围的人都是无益的。它还能帮你分辨哪些是你可控的和不可控的。

矩阵的第 2 象限——保持专注和觉察，能够让你在面对现实生活的各种挑战时有更好的适应力。即使那些挑战没有消失，但它们也会变得更容易应对。正念可以帮助你接受生活中的失衡，保持内心的平衡。它会让你放下那些不可控的事情，用节省下来的精力去管理那些可控的事，从而减少压力和烦恼。

平衡工作与生活的方法

定期的正念训练是非常强大的，强大到可以重塑你的大脑神经连接，帮助你享受生活中美好的时光，培养对失衡的适应力。除了第 3 章中介绍的定期训练方式外，以下是一些有助于增强工作与生活平衡的提示。

平衡工作与生活

- **贯穿全天的正念练习。** 除了进行定期、日常的正念训练外，还可以增加一些额外的练习，如在你上班时、午餐前、回家前或是在工作间歇，甚至还可以更频繁些。这是一种强有力的方法，可以管理你的思绪，确保你清楚优先事项，并能在全天都可以保持专注、放松和清晰的思维。
- **做出艰难的选择。** 更好地觉察工作与生活的失衡，让你看到在面对挑战时，你总是有选择的。在正念的帮助下，那些选择是经过冷静的、清晰的思考得出的，而不是在劳累过度的、不堪重负的、处于惯性模式（自动驾驶模式）的状态下做出的。

- 设定界限。看看你生活中干扰的来源，是什么造成了你的工作与生活的失衡，并设定适当的界限。对许多人来说，最大的干扰源是手机和其他电子设备。设置界限来管理你什么时候应该使用和放下这些设备，这既是为了你内心的平静，也是为了你和他人沟通时的质量。考虑在晚上、周末和假期工作时设定界限，虽然有时你可能会打破你设的界限，但尽量让这种打破是例外情况，而不是习惯。
- 为自己安排时间。花时间找出什么能让你感到精神焕发和精力充沛。评估你所做的能让你放松的事情，并判断它是否真的能帮助你放松。如果你觉得自己没有时间，那就争取抽出时间来。每个人都需要时间关爱自己。邀请其他人参加你认为能恢复活力的活动是一个很好的方式，既能关爱自己又能增强人际关系。

想象一下接受工作与生活的失衡，就像皮划艇运动员在一系列急流中航行一样。有时，汹涌的波涛将你的船推向右边，而有时又将你推向左边。有时你可能都要沉底了，但是凭借足够的正念练习，你会有快速调整自己的能力。在不断地平衡中，正念可以帮助你保持在正确的轨道上，而不是失去控制、上下颠倒。

提示与反思：平衡工作与生活

- 平衡工作与生活是一种心态，是基于我们如何感知和管理生活中的失衡。
- 回想你目前工作与生活的平衡状态。你有觉察到不平衡吗？你在接受不平衡并寻找做出改变的方法吗？
- 尝试运用一种或两种本章节提到的保持工作与生活平衡的方法，持续一周，留意它对你的工作和生活有什么影响。

第 2 章

正念
心理策略

当你第一次开始正念训练时，你可能会留意到很多关于思绪的有趣事情。你的思绪可能会飘忽不定，使你很难集中精力。或者你的思绪可能正锁定在一个想法或一种感受上，而且似乎无法放下。通常情况下，你的大脑可能会惯性地停留在非建设性的神经模式上，而不是停留在对你和他人有益的模式上。

你可以改变这种不健康的模式。

有很多心理策略旨在帮助你管理非建设性的神经反应模式，并培养新的、更有效的行为模式。在那一刻——在想法和行动之间自由的时刻，这些策略可以区别带来的是有益或有害的反应（见图2-1）。

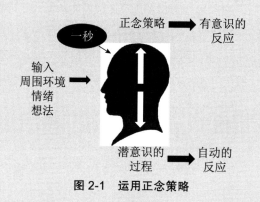

图 2-1　运用正念策略

本书这一章会介绍8个心理策略：当下、耐心、友善、初学者心态、接纳、平衡、喜悦和放下。这8个心理策略对连接正念练习和日常生活至关重要，会让你对周围环境、你的想法和你的情绪有领先一步的觉察。

你越能将这些策略培养成习惯，它们就会越快成为你默认行为模式的一部分，你的思绪也会越平静、越清晰。

在第2章中，我会详细介绍每一个心理策略，包括如何将它们融入你的日常生活中。虽然一开始看上去似乎有点多，但你并不需要让自己一夜之间就掌握它们。为了最大程度地用好这些策略，在你运用前面讲述的技巧时，试着每周记住一个心理策略。

如果能每周将一个心理策略融合进你的日常训练中，那就更好了。关于开发和培养每日正念练习的训练内容，请务必阅读第3章。如前所述，这种日常正念练习确实是正念生活的基础。

从实际意义上来说，这些策略与第1章中分享的正念矩阵是一脉相承的。你越能把这些心理策略转变成习惯，你在矩阵中第2象限的时间就越多。在这个象限的时间越多，你的工作效率就越高。在前面讲述的技巧之上，叠加采用这些策略，你可以更加快速、轻松地提升工作表现。它们并不能取代前面讲到的技巧，当然也不能取代基础的正念训练方法，但是它们确实可以减轻大部分让你暂时无法成为最好的自己的固化想法和习惯。

我们将从最有效的策略"当下"开始。

策略 #1

当下

你是否曾经在会议中发呆？

更糟糕的是，在你发呆的时候有人叫了你的名字，而你根本不知道他为什么叫你或者问你什么问题？

或者，也许没那么戏剧性，你是否曾在阅读一本杂志时，直到最后一篇文章才意识到，你根本不知道你刚刚都读了些什么？

这些只是当你不完全在状态时可能发生的一些事情。

当然，也可能无论是开会、吃饭还是读书，你都能全身心地投入和参与。

处在当下是正念的基础。从定义上来说，处在当下意味着我们关注周围的人、事物和想法。这种程度的关注是管理注意力和觉察的核心，也是正念的核心特征，并能保持心理效能。

什么时候才是合适的时机，以培养或提高你处在当下的能力呢？

当下：是最好的时机

迈克是荷兰一家大型医疗保健机构的国家区域负责人，他的员工经常抱怨他没有足够的时间给他们。他似乎总是忙得不可开交，好像任何一对一的碰面或谈话都是强加在他的宝贵时间上，给他的压力很大。

对迈克来说，这种抱怨是失望情绪的根源，但他却不这样认为。实际上，他觉得自己已经花了很多时间和员工在一起了，他甚至试图用数据来证实自己的感受。他开始追踪记录每一次与员工在一起的时间，而这些数字似乎也证实了他的观点。

不出所料的是，他向员工展示的这些数据并没有改变员工的看法。

在进行日常正念训练后，事情有了转变。迈克越来越频繁地被员工称赞，因为他更随和、更专注，也更投入。而真正让迈克感到不可思议的，是他并没有花更多的时间与员工在一起。事实上，从时间长短上看，他花的时间反倒少了。即便如此，他花在员工身上这些更少的时间从质量上说反倒更高了。他只是更用心于如何运用好这些时间，他在面对每个人、每个问题或每个挑战时，都比以前更全身心投入和处在当下。

在社会关系方面，当下有许多不同的含义。"当下"这个词可以代表"此地""此时此刻"或"礼物"。当我们和他人在一起时，我们就呈现了所有这3个定义：我们在此地，此时此刻，我们全身心地在当下就是我们给予他人的礼物。

和一位全身心处在当下的人相处2分钟，比和一位分心的人相处10分钟更高效和更有力量。试想一下，如果你能全力以赴，你会多有效率和成效。就像迈克一样，你可以在更短的时间里做更多的事情，并取得更好的成效。

充分利用当下

过去已经过去，未来还未到来。然而，我们的思绪经常在过去和未来之间徘徊。有时，我们都会觉得很难保持处在当下的时刻。

我们大多数人都对注意力缺陷多动障碍（又称多动症）（Attention Deficit Hyperactivity Disorder，ADHD）比较熟悉，这是一种心理疾病，在这个状态下的人有严重的注意力集中问题。可是，很少有人知道注意力缺失症（Attention Deficit Trait，ADT），一种未被认识到但却真实存在的现象，在这个状况下由于个体的注意力极易分散且缺乏耐心，导致大脑超负荷运载[1]。

研究人员指出，多动症有一个遗传成分，可能会因紧张的环境而加剧。然而，注意力缺失症仅仅是由周围环境决定的。没有人天生有注意力缺失症，这是我们在面对当今压力巨大、技术驱动的现状时导致的结果。正如精神科医生爱德华·哈洛韦尔所说："就像交通堵塞一样，注意力缺失症是现代生活的产物。过去20年，我们对时间和意识的渴求呈爆发性态势增长，由此造成了注意力缺失症的出现。当我们的思绪充满噪音时，我们就无法全然地处在当下。"[2]

由于我们的生活中有许多干扰因素（包括内部和外部干扰），而注意力缺失症又是很多职场的通病，这就使得即便是高绩效人士也会在时间管理、组织和任务优先级上苦苦挣扎。[3] 哈洛韦尔恰当地总结了一项研究，其中有一条评论："现代的职场生活和一种越来越常见的被称为'注意力缺失症'的现象，正在把稳重的高管变成狂乱的低效者。"[4]

虽然哈洛韦尔的研究是在美国进行的，但我们观察到世界各地的组织都有同样的倾向。现代的工人，不管他们的行业和文化程度如何，都发现越来越难专注在当下。从神经学的角度来看，人们的大脑中经历着持续性的神经循环运动（见图2-2）。

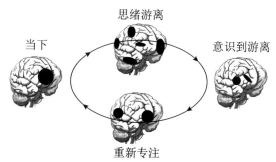

图2-2　持续性神经循环

当我们身心都在当下时，我们的前额叶皮层有很强的活动；当我们分心时，它们会向大脑的后部和右侧——外侧颞叶皮层、后扣带回皮层和其他区域移动。

当我们意识到分心时，大脑深处的前脑岛和前扣带回皮层会被激活；当我们的注意力又重新回到当下时，下顶叶的触发和活动就会回到开始的地方，即前额叶皮层。从这个意义上说，神经的活动是一个完整的循环——从当下到游离，再回到当下的状态。

这样的循环一次又一次地进行，日复一日地发生，被内部和外部的干扰所驱动。

但是，其实你不必向外部或内部的干扰屈服。你可以做一些调整。当你和别人在一起的时候，要全神贯注，同时也全身心地投入你的工作中；当出现挑战时，全力以赴。

第 2 章 正念心理策略

对有些人来说,这种心理策略似乎太浅显或过于简单,对这样的朋友,我想说"永远不要低估当下的力量"。

例如,在一家全球科技公司的东南亚总部,市场和销售人员决定尝试一下,如果他们有意更多地与潜在客户会面,会有什么不同。这些市场营销和销售专业人员不是关心他们是否会拿到订单、他们接下来要做什么,或者收件箱中堆积如山的电子邮件数量,而是非常专业地关注他们面前的客户。令他们高兴的是,他们发现这样的会面更成功,也更加愉快。他们还意识到了他们的思绪多久会游离,以及这种游离怎样对高效的业务关系构成局限。

处在当下是充分利用你宝贵时间的最佳方式。如果你没有处在当下,你就不能全神贯注,就会试图一心多用。而一心多用,正如我在本书开头提到的,是一个神话。你不可能在同一时间内,同时进行多个认知型任务。

没人可以做到。

处在当下可以帮助你更有意识地去做你要做的事情,以及意识到你是如何生活的。它可以帮助你成为更好的、更高效的自己。

处在当下并不需要你改变自己要做的事情,需要改变的是对你要做的事情的专注程度。处在当下是一个有意识的决定。

事实上,我们拥有的时间只有此时此刻。

没有其他时间:没有过去或未来。我们唯一能做的就是在此时此刻。培养处在当下的能力,可以帮助你充分利用当下的每一刻。

正念训练是提高你投入当下能力的最好方法。通过注意每次呼吸的一呼一吸,你都在重新连接你的大脑,从而保持在当下。

专注于你的呼吸。吸气时,不要想前一次呼吸,也不要想下一次呼吸,更不要想上次的分神。正念训练不是单纯的 10 分钟觉察训练,正念训练是觉察 10 分钟里的每一次呼吸。

我们有些人渴望通过正念训练或生活中的锻炼达到特定的心理状态。然而,当我们带着先入为主的观念来考量我们要达到什么结果的时候,我们就不是在做正念训练了。我们的思绪已经跑到了未来,就已经不在当下。处在当下才是本质。如果你专注于目标,你就会错失此时此刻的体验;如果你专注在当下的体验,你就能达到目标。

下一步,我们将探讨耐心这一心理策略,在你努力重新连接你的大脑、改变固有的习惯时,耐心是非常有效的方法。

提示与反思:处于当下

- 思考一下如何、何时以及为什么更多地处在当下会对你有益。
- 做一个有意识的决定:与同事和客户相处、开会和在家时,有意地处在当下。
- 留意处在当下的好处和困难。思考克服那些困难的方法,让你处在当下变得更容易。

策略 #2

耐心

琳恩在欧洲政府服务机构工作，每天她都面临着许多人常见的挑战：如何让自己和她的两个小孩吃饱、穿好衣服出门，而且不失去耐心。

琳恩是一个认真尽责的人。每天清晨，她都早早地起床和行动，这样会有很多时间做早上的各项事情。然而，日复一日地重复着同样的事情，让她感觉有些沮丧。就像当他们马上就要出门了，总会有一个孩子要再做点什么：要换衣服，或者非要吃零食，或者要再去一下洗手间，或者对兄弟姐妹的行为感到不安。

每次的事情具体不一样，但一样的是每次出门总有事情。

尽管琳恩很清楚这个模式，但还是会做出惯性反应，心情也很沮丧。她没有给孩子们所需要的空间和关注，反而变得焦躁和恼火。她常常提高嗓门，尽管这只会使情况更糟。而这又使她心烦意乱，筋疲力尽。当她开始工作时，她早已疲倦到不堪重负了。

对琳恩来说，实践耐心这一心理策略会让她的世界变得不同。随着深入了解惯性模式的底层成因以及一些替代方案的思维，琳恩受到了启发，决定改变她的行为。

当然，琳恩这个例子并不是特例。生活充满了挑战，无时无刻不在考验我们的耐心。有时，我们会下意识地根据大脑固化的模式做出应激反应，而最终的结果并不总是积极的。耐心，或者说忍受不适的能力，是选择理性回应而不是冲动反应的有效策略。俗话说："忍得一时之气，免得百日之忧。"虽然这一般适用于生活，但工作也不例外。

为了更好地理解我们的反应模式背后的神经学原理，了解三重脑理论是很有用的。

三　重　脑

人类的大脑是由 3 部分组成的,因此术语"三位一体"的意思就是三合一。这 3 部分分别是爬虫脑、边缘脑和皮质脑(见图 2-3)。[1]

图 2-3　人类的三重脑

大约 2.25 亿年前,在我们早期的进化过程中就形成了爬虫脑,爬虫脑也是最古老的器官之一。爬虫脑主要关注我们生存的基本需求。

第二古老的部分边缘脑,是大约 1.17 亿年前形成的。当我们开始成为"关心的人"时——成为关心我们后代幸福的个体时——边缘系统就启动了。它也是我们情感和情绪的根源。

皮质脑作为大脑发育的最后一个区域,是在 4 000 万年前才形成的。这是我们理性、理智和逻辑思维存在的地方。

当我们感觉受到威胁时,杏仁核——我们大脑边缘系统的一部分——会触发我们的或战斗或逃跑的反应。这种现象经常被称为劫持杏仁核——劫持我们大脑其余部分的理性功能,使我们难以控制行动。无论是在战斗模式还是逃跑模式下,我们的身体都会做好准备,要么抵御迫近身体的威胁,要么逃跑。

战斗或逃跑的本能反应能让人类在早期进化过程中活下来,而且当我们发现自己身处危险环境时仍然有这种本能反应。虽然今天我们大多数人很少面临身体上的伤害,但生活中仍然充满了让我们感觉受到威胁的情况。正是因为这些情况很少会造成身体上的伤害,所以做出理性的、有意识的选择,比做出下意识的决定更有利于我们的人际关系、创造力、健康和幸福。

生活中充满了"威胁"的情况,"威胁"到了你的日程、计划、目标或者意图。即便如此,你也并不需要让大脑中最古老、爬虫类的部分控制你其余部分的大脑。因为你已经进化了，你有皮质脑。皮质脑能够让你想出符合逻辑的、理智的解决方案，皮质脑给了你耐心。

战斗、逃跑或耐心

耐心是在面对挑战的情况下选择保持冷静，即使我们的战斗或逃跑的应激反应可能已经被触发了。耐心是忍受不适的能力，是直面形势的能力，是理智地处理问题的能力，而不是一时的冲动。耐心关心的是更大的目标，而不仅是临时的、速成的解决方案。

当战斗或逃跑试图通过改变外部环境来解决问题时（通过与它们战斗或逃离它们来解决），耐心告诉我们清晰地解决问题的根源：在头脑中。通过拆解内部反应模式，耐心使我们领先一秒，这样我们就能看得更清楚并做出适当的回应。耐心是通往更高效生活的直接途径，它关注的是问题的根源而不是症状本身。

当然，耐心对每个人来说都不是与生俱来的，我们有些人比其他人有更强烈的战斗或逃跑的冲动。但是，可以确定的是，忍受不适的勇气是一种可以被开发和培养的技能。通过正念训练，我们开始更多地通过我们的皮质脑，即我们大脑中理性、理智和逻辑的部分来感知和处理现实中的困境，而不是被爬虫脑控制。然后，我们的脑神经可以重新连接，让它成为我们默认的模式，让我们越来越有耐心，一切也会变得越来越容易。

一旦你开始了日常的正念训练，就像第 3 章所描述的，有时你会感到焦躁不安。你内心的声音可能会说："我为什么坐在这里却什么都不做？有很多事情等我去做呢。"这是训练耐心的绝佳机会，不要放弃，鼓起勇气容忍这种不安。

面对焦躁不安的情绪，忍住想要起身的冲动，也不要压制这种感觉的冲动。即使你暂时逃离这种情绪，它也一定会在另一个时刻再次出现。不愉快的经历只有在它发生的时候才能真正地解决——在大脑里被解决。

下面我们将探讨善意的策略，这一策略会比你想象的更具战略性。

提示与反思：培养耐心

- 思考一下，更有耐心是否对你有益？为什么？对工作或家庭都是有益的吗？
- 认真反思那些触发你战斗或逃跑反应机制以及让你失去耐心的特定情况。
- 下次当你再面对其中一种情况时，停下，做一个深呼吸，把注意力专注在呼吸上，直到感觉自己平静下来。注意一下是自己的爬虫脑还是皮质脑正在驱动你的行为。
- 如果战斗或逃跑反应是经常发生的事情，那么试着欢迎它，这是一个练习耐心的好机会。
- 当你这样做时，一定要对自己有耐心。要努力克服愤怒或挫折感：有意识地这样做。

策略 #3

友善

我们都想要快乐,没有人愿意受苦。但我们的行为并不总是为我们或他人带来最大的好处。人们如何又为何要做那些给自己造成痛苦的事情呢?答案因人而异。

花点时间思考一下友善对你意味着什么。

如果说我们都想要快乐,没有人愿意受苦,那么我们需要从别人那里得到什么能让自己快乐呢?答案通常很简单,我们需要的是他人的聆听、关注、尊重、理解以及认可。而他人又需要从我们这里得到什么呢?

答案是完全一样的。

这样,我们都能成为让彼此快乐的行家。

友善意味着什么?

你一定听过这句箴言:己所不欲,勿施于人。正念的一个基本基础与这句古老的箴言大同小异:"愿我快乐,亦愿我尽我所能使你快乐。"这个基础也可以用"友善"来概括。

实际上,我们都是能让别人快乐的行家。但是,问题是,如果我们都想快乐,我们也都知道如何让彼此快乐,为什么我们不能一起快乐呢?最普遍的原因是,我们生活在忙碌之中,常常忘记做一些我们完全知道的重要的事情,即尊重自己和他人,为自己的幸福和他人的幸福着想。在最后期限和需求之间,我们忘记了友善。

当然,如今友善并不总是指取悦他人,与他人为善。你能为别人做的最友善的事情之一是提出诚恳的、有建设性的意见。你不需要给任何人任何帮助,让他们认为自己的言行比实际中的他们更胜一筹。我个人的经验,即使是解雇员工也

能表现得友善。如果把友善作为动力,那么每个人的感受都会得到极大的改观。

此外,友善对结果也是有益的。例如,考虑到一个全球管理咨询公司的业务驱动者,当公司雇用顾问时,从表面上看是为了发挥他们的知识和技能,然而实际上,要使知识和技能转化为结果,需要的是有效的人与人之间的互动。

在一次面向纽约一个顾问小组的讨论中,这个问题被摆上了台面。"更多的友善对你的日常工作有什么好处?"面对这个问题,小组的人停滞了一会儿,因为在纽约这种高压力、高效能、快速思维的咨询公司里,友善并不是必须的、经常被谈论的话题。

过了一会儿,其中一位与会者发表了意见,也许以一个明确的友善的态度来对待客户能够提高自己的工作效率,还能促使客户实施他们的建议。从这个角度看,咨询小组是将友善视为潜在的竞争优势。他们决定进行测试,设定一个明确的友善的针对客户的目标,看看这会如何改变他们的行为方式以及结果。通过这个练习,他们发现,设定一个友善对待的目标能够让客户会议更容易、更有效率,也更令人愉快。他们还发现,友善对他们自己本身,无论是作为专业人员、同事、朋友还是家庭成员,都有着非常明显的、积极的影响。

实际上,不仅仅是其他人能从我们的友善中受益,友善也可以成为关心你自己的有效的方式之一。作为一种直接的神经系统,与不愉快的心态相反,友善不只是平息消极的倾向,相反它会把它们连根拔起。

在一个友善的头脑中,没有愤怒的空间。

友善的科学

友善对你的身心健康有着积极的影响,这些是有科学依据的[1]。当你友善时,你的免疫系统会更强壮,你也会变得更有创造力,拥有更好的社会关系,同时也会增加你的生活乐趣。然而,愤怒——友善的反面——也会产生持久的影响,但通常不是很积极的结果:心脏病发作的风险更大了、慢性头痛、各种其他疾病的增加,以及统计学意义上的缩短生命[2]。

马丁·塞利格曼是一位积极心理学研究者,他在一项研究中指出,对他人的友善的行为所带来的影响可以用你自己的幸福程度来衡量,这种影响可以持续到事情发生后的 8 周 [3]。不过在我们善待他人之前，我们要先善待自己。如果我们不善待自己，那就很难，甚至是不可能真诚地对待他人。

想想飞机起飞前你总是听到的飞行安全指示："在紧急情况下，先戴好自己的氧气面罩，再帮助他人戴上。"为什么要先帮助自己？因为如果你昏过去了，对他人来说并没有什么好处。试图帮助别人却让自己失去意识并不是什么英雄气概。

同样的道理，培养友善的第一步就是善待自己。让自己休息一下，不要因为自己的失策或错误而自责。相反的，你希望得到怎样的对待就怎样对待你自己，用理解和尊重对待自己。当你善待自己、关心自己时，你就有可能真挚地善待他人。

我们拥有巨大的力量，不仅可以选择如何生活，还可以选择我们的大脑如何应对环境中的刺激。如果我们放任自己不停地用愤怒来回应挫折，我们的大脑就会默认愤怒是一种反应模式。然而，如果我们训练自己用友善来回应，我们的默认神经反应就会变成友善。我们都有培养生活中想要加强的品质的自由。我们都会愤怒，也都会友善，培养哪一个由我们来决定。

为了提高你对自己和他人的友善的能力，请把友善的培养融入你每天的正念训练中去。这包括在办公室和同事在一起时，也包括当你进行更正式的正念训练时。

下一个策略我们将探讨初学者心态之美。

提示和反思：培养友善

- 思考一下，更加友善是否会对你的工作和家庭更有益处？想想会是什么样的益处，以及为什么会是有益的。
- 练习在这些情况下运用友善，看看会发生什么。
- 考虑把友善变成你体验一切的镜头——在办公室里、在家里、在你的社区里。尽可能让它成为你和你所经历的一切的基本态度。
- 当你进行正念训练时，让你自己和你所经历的一切都包裹在这种友善的氛围里。
- 你越是这样想，越是这样练习，友善就会越强烈成为一种心理方法，因为它和与之相关的神经产生了更强烈的连接。

策略 #4

初学者心态

几年前,我和我的孩子们一起在森林里散步。我们正在行走时,我其中一个儿子兴奋地喊起来。我走过去发现他手里拿着一块桦树皮。

不得不承认,我没有发现有什么特别之处。

但是对他而言,桦树皮是一个宝物。他解释说,这是一个非常完美的画布,他想回家后在上面画画。

我的另一个儿子跑过来看到这个巨大的发现,也兴奋起来。他把桦树皮拿起来,扔到空中。树皮像滑翔机一样飞了起来,他高兴地喊道:"多漂亮的飞机!"

当树皮着陆时,我的女儿把它拿了起来。她高兴地喊道:"船!"她跪在一条小溪的旁边,把她的小船推到水里。

在我眼里,这只是一张普通的树皮,但它同时也可以是一个画布、一架飞机、一艘小船。

我受困于自己的局限和惯性认知,我的孩子们却看到了更大的潜力和可能性。日本语中有一个词汇可以描述这一能力:ミタテ(见立,mitate),意思是"用全新的视角去看待事物"。

在我的经验里,用全新的视角去看待事物是商业成功的基础。如果没有这种能力,那么我们会被昨天对于市场和竞争的认知所局限。我们会洋洋自得,而且可能早上醒来会发现自己已经错过了巴士。看看诺基亚著名的衰落,它从2007年占全球市场份额的49.4%,到2013年下滑到惨败的3%。

这一切是怎么发生的?从2007年的诺基亚CEO 康培凯(Olli-Pekka Kallasvuo)的表述中就能看到:"从竞争者的角度分析,iPhone只是一个小众产品。"事实证明,历史和市场都给了相反的答案。

在正念训练里,我们把这项用全新的视角看事物的能力称为初学者心态。

正是由于缺乏初学者心态,导致诺基亚忽视了新产品的威胁,并最终导致破产。

在我们每个人和初学者心态之间存在两个先天属性,即惯性认知和认知固化。

我们总是用原有视角看待事物

想象一下,当你第一次看到一朵玫瑰。

你观察它的颜色、柔软的花瓣、怡人的香味,还有玫瑰刺,就像你从未见过这样的东西。

第一次,你的脑海会产生新事物的影像,并把它命名为"玫瑰"。

当你下次再看到一朵玫瑰时,你的大脑几乎不用花任何时间再去识别它。你的大脑会把它和你已有的玫瑰影像关联起来,你变得更倾向于去看你记忆里的玫瑰,而不是此时在你面前的物体。

你的大脑会把它认定为"另一朵玫瑰",而不是再详细看看这朵玫瑰的样子。

有些动物也有类似的经历。例如,一组研究人员将一只只老鼠分别放在一个小型的迷宫的门前。打开迷宫后,老鼠进到里面,寻找一块巧克力。

经过最初几轮的试探,老鼠的大脑随着迷宫的试探变得异常活跃。但是经过几轮的试探之后,大脑的活跃度开始降低,只有在最初开门时和发现巧克力之后,大脑活跃度才比较高(见图 2-4)。老鼠已经培养出了惯性感知;它们不再以最初的方式去感知这个迷宫了。[1]

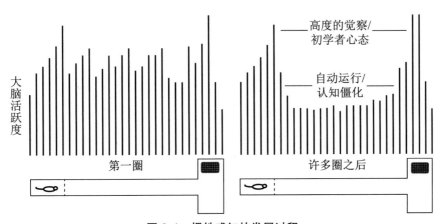

图 2-4 惯性感知的发展过程

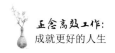

这并不一定是件坏事。如果我们不能对已见之事有快速识别的能力，那么生活会变得让人不知所措。从进化论角度而言，这称为模式识别，它是人类思维最强大的力量之一。试想一下，如果你每次需要写东西时，都要弄清楚什么是笔和怎么用它，那你就做不了很多事情。

但是，你面前事物的真实状态和你过去的所见之间的自动关联（神经学上称之为惯性认知）也会带来一些问题。这意味着，你并没有真正地去看面前事物的真实样子。

事实上，你认为的所见的和事实之间可能并没有太大的关系，而更多的是与你过往的想法和习惯创造出来的现实有关。换句话说，你已经将自己设定为以某种方式看待事实，你认为每一朵玫瑰都是相同的玫瑰。

除了玫瑰以外，我们也容易以惯性角度去看待其他事情。

在我们与他人、工作和自己的互动中，我们常常把自己局限在已有的认知里，我们形成了认知固化。这件事发生在我身上，当我和孩子们在树林里散步的时候，让我看到了自己固化的认知；当诺基亚的CEO第一次拿起iPhone时，他同样也是一样有着认知固化。

因为惯性认知而导致了下意识的认知固化，这对于创造力毫无益处。它无法帮助我们创新，或者帮助我们给旧有的挑战找到新的解决方案，更不用说给新的挑战找到解决方案了。相反，认知固化阻碍了我们个人和职场生活的绩效和效率。

幸运的是，惯性认知和认知固化是可以调整的。用全新的视角看待事物，即保持初学者的心态，可以成为一个主动的选择。

放下惯性认知

在工作单位和家里，类似的挑战会多久一次又一次地出现呢？

如果我们不是每次都以同样的方式看待这些挑战，而是以全新的眼光看待它们呢？我们会更高效地面对这些挑战吗？

科学也是这么认为的。

在一项研究中，来自以色列本古里安大学的研究者针对正念训练对认知固化的影响展开调研。具体来说，他们调研了一组人如何解决一系列问题。

起初，他们先给了参与者需要复杂的公式才能解决的问题，然后又给了参与者一些比较简单的问题。但经过复杂的计算后，参与者们已经很难用简单的方式去解决问题了。

阿尔伯特·爱因斯坦有一句名言："我们不能用制造问题时同一水平的思维来解决问题。"他也许是话里有话的。

从某种意义上说，该项研究的参与者因为复杂公式的计算经历而变得有些"盲目"。即便后来的问题容易得多，但之前的经历很难让他们用简单的思维去解决问题了。

经过8周的正念训练后，同样的这群人在分数上显著提高。他们的思维没有那么固化，这让他们可以更好地看到实际情况，而不是基于惯性认知去思考。[2]

但是，正念训练是如何减少我们的认知固化的呢？

答案就是那一秒的空间和自由，这是我们在第1章中提到过的雅各布的例子。那一秒的空间，是默认惯性认知和花一点时间观察实际情况之间的区别。

正念训练告诉我们，我们不必屈从于我们的惯性认知，我们可以管理下意识的自动关联。在我们看到面前的玫瑰，并把它关联到内心惯性认知的那一秒，我们可以选择用新的视角去看眼前的这朵玫瑰。

看待事物本质的能力，或者至少不陷入旧有的认知中，是保持初学者心态的本质。如果没有初学者心态，我们会把自己固化在过往经历里，我们会局限在自己惯性的认知里。保持初学者心态，我们会用全新的视野和开放的心态看待事物。

幸运的是，我们是有选择的自由的。

选择保持初学者心态

加拿大一家大型能源公司——阿尔伯塔油砂公司（Alberta Oil Sands）的环境健康和安全部门在实施一个现场应用的正念培训项目中，初学者心态对其产生了极其强大的作用。这个团队的主要职能之一，是确保人们按照环境安全

和健康标准进行工作。让大家知道人类比较容易用惯性思维去看待事物，这对整个团队的影响非常大。

他们意识到，之前很多呈现安全信息的方式不一定有利于人们留意和保持对潜在危险的警觉。他们研究了如何在表达信息和进行调查时更加开明，他们还讨论了如何通过帮助现场人员提高觉察和改善过度的认知固化来提高整体安全度的方法。

意识到惯性思维倾向，并选择初学者的思维视角，对他们的工作产生了极大的影响。整个团队不再用惯性思维，而是像看待新问题那样去看待过往遗留的问题。他们不再自以为是地认为自己掌握了答案，而是有意识地怀着开放的心态，让自己从惯性认知中解脱出来，去了解实际情况。

培养初学者心态是改变你生活方式的一个好方法。不管你的工作环境如何，当你以一种全新的视角看待事物时，日常生活会充满更多的奇迹和可能性。

下一个策略我们会探索接纳的益处。

提示与反思：培养初学者心态

- 反思你在生活中容易消极看待的人或者事物，思考用初学者心态是否会对你有所帮助。
- 尝试在不同场景下使用初学者心态，观察你的体验有什么变化，留意你的互动或效率是否有任何改进。
- 挑战自己，让自己对日常活动更加好奇，怀着开放的心态看待每一刻发生的事情。当你的预设越少，你的心态就会越开放。

策略 #5

接纳

有一整年的时间,丹麦一家大型零售连锁企业的市场部都在为一项新的营销活动做准备。他们花了很多时间去策划并不断调整,确保没有任何错误。但就在他们准备发起这项活动时,他们发现公司内部的另一个部门也在计划同时启动这项活动。

啊!

很显然,这两项活动都不能继续进行了。因为让一家公司在两个地方相互竞争是毫无意义的。正如你可能想象的那样,这在团队中引起了不小的愤怒和沮丧,他们觉得自己浪费了整整一年时间。

我问他们是否做了所有可做的努力去改变现状。

他们说,当然有。

然后我又问他们是否采取了什么措施,以阻止未来类似事情的发生。

他们的答案依然是:"当然。"

最后,我问他们是否有其他可能性来解决这个问题。

他们感觉很沮丧,说已经试过了所有的选择,一切都结束了。

凑巧的是,那一周的讨论主题是接纳。当怀着接纳的心态去审视他们的情况时,他们能逐步放下他们失望的情绪,并变得更加冷静。

接纳是一种避免使已经很困难的情况更加恶化的能力。正如团队所意识到的那样,如果你能解决问题,那为什么要担心?同样地,如果不能解决问题,那么为什么还要担心?

要认识到这一点,首先思考一下你的影响圈和你的关注圈里是什么,如图2-5所示。

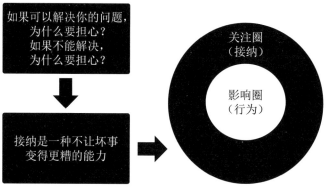

图 2-5 影响圈

如果你遇到的问题是可以做些努力去改变的,那你应该采取行动,就像它在你的影响圈内那样。如果你遇到的问题是你无法改变的,那么内心不要抗拒,否则只会使问题变得更糟糕。

现状就是这样。

接纳它,继续前进,不要在内心做任何抗拒。

零 抗 拒

我们的神经系统对我们不喜欢的事物是有抵触倾向的,即使我们做任何事情也无法改变它们。在某种程度上,我们总是倾向于关注令人沮丧的事物。即便我们知道放下它们会让自己更健康,但接纳烦恼的事情还是不容易的。

痛苦并不是独立于我们而孤立存在的。事实上,我们自己制造了大量的痛苦。思考一下图 2-6 的公式,P 代表疼痛(pain),R 代表抵抗(resistance),S 代表痛苦(suffering)。

$$P \times R = S$$

图 2-6 痛苦公式

设想自己处在这样一种情境中:假如让你感到疼痛的指数为 10 个单位(这

个数字以及如何量化它都不重要）。此外，你也用同样的数量去抵抗疼痛，即 10 个单元的抵触。最终，你感到痛苦的指数就是 100。无论你怎么看，100 个单元的痛苦要比完全没有痛苦高太多。

在相同情况下，如果你的抵抗是零，会发生什么？即便你遭遇的疼痛指数为 1 000 个单位，那么零抵抗意味着你感受到的痛苦也是零。

生活中的痛苦是不可避免的，这是事实。

你对痛苦的感受程度是可以选择的。当你拥有了接纳的能力时，你会更有精力，也能更专注于你能做的事情。你不再担心那些你无法改变的事情，相反，你会把注意力集中在那些你可以改变的事情上。

接纳就是力量

接纳是一个强有力的方法，仅仅通过改变你对挑战的认知，就可以提高你的效率和幸福感。

需要明确一点，接纳并不等同于做一个受气包、放弃或者变得无动于衷。接纳不是被动的选择。如果你可以努力去改善或者改变你的处境，那就去做吧。但是，如果你不能改变这种情况，那么为什么要浪费精力，在无法避免或改变的事情上苦思冥想呢？

但是你怎么知道呢？你怎么能分辨你何时应努力做出改变，何时又应放下并且接纳现状呢？

在许多境况下，这样一个"临界点"是很难判断的。关键要记住，接纳作为一种心理策略，并不一定是关乎你做什么或不做什么，而是关乎你如何体验和感知你周围的世界。我接纳在我有生之年可能无法实现世界和平，但这并不意味着我不会继续努力，这意味着我将以冷静、清晰和接纳的心态来做这件事。

我们有自由的权利去影响生活中的许多事情，但有些事情是无法改变的。学会接纳，我们不再沉溺于无法改变的事物，而使困难的情况变得更糟。这对于下一个心理策略——平衡来说，是一个很强大的支撑。

> ### 提示与反思：培养接纳
>
> - 思考一下，接纳你不能改变的事情，会对自己带来哪些好处？回想让你感觉比较难接纳的具体场景。
> - 下次当你在工作中遇到令人沮丧的情况时，问问你自己，我是否尽我所能来解决这个问题？如果答案是"是"，那么有意识地接纳它并继续前进。你做得越多，它就会变得越容易。
> - 考虑接纳与冷漠分别对你意味着什么。有哪些事情你很容易接纳？有哪些事情你不容易接纳？
> - 正念训练对于培养接纳是一个很好的方法。当你静坐时，怀着接纳的态度，去理解你所经历的一切。如果你焦躁不安，你的抵触情绪会让情况变得更糟。用接纳的态度对待你的焦躁不安。

策略 #6

平衡

自由是一种心态,和地点、情景无关。自由给我们带来更多的心理空间和更高效能。苏(Sue)在参加澳大利亚的一家大型社区公司的正念项目中清晰地意识到了这一点。苏是公司的人力资源总监,以及两个孩子的妈妈,忙碌的生活占用了她大量的时间和注意力。培养平衡的心理策略,使她在忙碌的生活中获得了创造自由的洞察力。为了帮助我们理解平衡的意义,我们来看看苏是如何在不改变周围环境的情况下,改变了生活体验的。

苏的思绪每秒就被约 1 100 万比特的信息量所轰炸。[1]其实你思绪的变化也是如此,大多数信息来自我们眼睛所见,其余的来自其他感官。在如此多的信息数据中,每秒大约有 7 比特是你在特定的时刻能有意识地觉察到的,其余的思维则存在于你的有意识思维之外——它们有很多存在于你的潜意识里,从而对你的思维和行为产生影响。回到你可以觉察到的那 7 比特的信息,你可能会有 3 种反应:喜欢、不喜欢,或者保持中立。

在苏的案例中,在那 7 比特的信息里,她意识到有些是她喜欢的事情:她喜欢从首席执行官和同事那里得到积极的反馈,感觉受到尊重;喜欢在公司找到方便的停车位,以及喜欢孩子们听话的行为。还有一些她不喜欢的事情:她不喜欢被批评,不喜欢客户对她的员工的负面反馈,不喜欢寒冷的天气,不喜欢孩子们在最后一刻变动原有的安排。

毫无疑问,你自己也能识别出相似的模式。你所有的体验都是从这些方面来判断的,但它并没有就此止步,每一个小小的判断都会让神经系统产生反应。对你喜欢的东西的本能反应是想要更多,而对你不喜欢的东西的反应是试图把它抛开。正如苏一样,她希望获得积极的反馈,抵触批评。

花点时间考虑一下这可能对你有什么影响。想想上次你吃了一块好吃的巧克力或其他你非常喜欢的东西。当你吃完第一口并把剩下的放下后，你是否满足？还是你想要更多以至于你满脑子都是想着再吃一口？设想一下有人给了你一块美味的巧克力，在你把它放进嘴巴之前，巧克力突然被人拿走并扔掉，你感觉如何？你还会感觉到满足并觉得一切都很好吗？还是你感受到了抵触情绪？这是一种自然的反应模式，可以通过观察大脑的神经化学过程来解释，特别是我们对多巴胺的产生和渴望。

多巴胺成瘾

神经递质是在脑细胞之间传递信号的化学物质。最重要的两种神经递质是多巴胺和血清素（见图2-7），通过它们可以解释我们在日常生活中经历的"吸引/拒绝"反应。

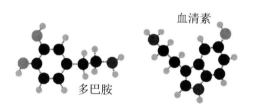

图2-7　多巴胺和血清素的化学成分

多巴胺是一种奖励性物质，会让我们感觉快乐、满足和自我实现。当我们每次获得喜欢的东西时，大脑就会分泌多巴胺，这让我们感觉良好。这就是为什么当我们拥有了喜欢的事物时，我们会想要更多。多巴胺有明显的好的一面，但是也有不好的一面：多巴胺会让人上瘾。任何形式的上瘾，无论是赌博、吸毒、暴饮暴食还是老板的夸赞，都是基于对多巴胺刺激的渴望。

如果赞美是你的首选药物，那每次你被表扬后大脑就会分泌多巴胺。你可能会发现，你在工作中的快乐或沮丧情绪会严重受到其他人的影响。你大部分的精力和效率很大程度上取决于你想得到的东西，以及避免你不喜欢的东西。

幸运的是，我们的幸福不需要依赖于我们周围的环境，我们实际上可以让自己避免对多巴胺上瘾。另一种神经递质——血清素对我们的生理和心理也有非常大的影响，它的主要功能是抑制冲动性行为，让人更放松，也让思绪更清晰。

促进血清素分泌

血清素和多巴胺是密切相关的,当两者平衡时,我们可以享受美食、一杯酒或是被赞美,并且不会上瘾。血清素会平衡多巴胺带来的负面影响,让我们在面临困境时,无论是遭受批评,还是生理或心理上的痛苦,都能变得更加坚韧。

那么我们怎样才能创造更多的血清素,以及去体验它给我们带来的更多的内心平和和自由呢?研究发现,正念训练是提高大脑中血清素水平的方法之一。[2]

当你停止一时冲动时,如在吃了你最喜欢的食物或饮料之后就停下来时,血清素会平衡分泌的多巴胺。在你日常的正念训练中,你会觉察到自己不断地分心,或者感受到处于压力下的冲动。你会训练自己观察当下体验的能力,给自己一个心理空间,有意识地选择理性回应方式,而不是跟随惯性反应。每次当你成功地控制住惯性反应时,你的血清素含量就会提高。

这是不是意味着你会变成一个不会享受生活的人呢?

恰恰相反。这意味着你可以享受自己真正喜欢的事情,而不会沉溺于各种欲望或让自己上瘾之事;这意味着你可以更灵巧地回应你不喜欢的事情,而不会变得愤怒和咄咄逼人。你会获得更大的平衡。

当你开始进行规律的正念训练时,你会发现自己变得更加冷静,并且减少了冲动性反应。你越训练自己控制惯性冲动,你的多巴胺和血清素水平就会越平衡。而且,平衡是真正的自由,它是来自内心深处的自由。平衡也是下一个心理策略——喜悦的基础。

提示与反思:培养平衡

- 当你带着冲动去追求喜欢的东西时,停一会儿,让你的血清素平衡一下释放的多巴胺。

- 有意识地去判断哪些工作任务会给你带来即时满足感，如回复邮件或者短信。然后识别哪些任务会让你感觉不舒适，这可能是来自客户的投诉，也可能是面对脾气暴躁的同事。觉察你自己对这些任务的反应，通过有意识地限制或延迟你对喜欢事物的愉悦感，同时更积极地应对你不喜欢的事物，以此来缓和你对这类事情的惯性反应。
- 当你开始正念训练时，觉察你对所经历的事情的反应。就观察呼吸这个简单练习，也可以带来愉悦感和平和感，并让你产生希望保持这种状态的想法。在这一刻，你会面临因依恋喜欢事物而被束缚的风险。而在其他时候，你会因让你感到不舒适或疼痛的想法或者经历而分心。这时候，你也面临着因抵触不喜欢事物而被束缚的风险。
- 通过觉察你对自己所有经历的一切、好的、坏的和中性的反应来训练平衡。留意你喜欢和不喜欢的经历，以及在你经历中让你感到有吸引力和厌恶的事情。
- 仅仅意识到这些反应就会带来变化。当你觉察到欲望时，这种对欲望的觉察会替代你的欲望，从而减少欲望；当你觉察到抵触时，这种对抵触的觉察也会替代你的抵触，从而减轻抵触。如果你感觉某些事情是愉悦和美好的，要用中立的态度观察它，不要赋予它太多价值，或太沉溺于其中；如果某些事情让你感到不愉快，你也要用中立的态度观察它，而不是希望它消失。

策略 #7

喜悦

在探讨喜悦之前,我们先做一个小小的练习。花点时间想想某位你真的很喜欢的人。

现在闭上眼睛,想象一下他/她的脸。想想你有多喜欢他/她,他/她带给你怎样的感觉。现在再观察一下此刻你的身体感受和想法,你感觉如何?

是愉快还是不愉快?容易还是困难?你的思想是开放的还是封闭的?感觉光明还是黑暗?你想要更多这样的感觉吗?

现在花点时间想想某位你真的很不喜欢的人。

再次闭上你的眼睛,想象他/她就站在你面前。想想你有多不喜欢他/她,他/她给你的感觉如何。感受一下,留意此刻你的身体感受和想法。

你感觉如何?

是愉快还是不愉快?容易还是困难?你的思想是开放的还是封闭的?感觉光明还是黑暗?你想要更多这样的感觉吗?

我们可以从这个简单的练习中学到3点。

- 消极的心态,如愤怒或沮丧,不会让我们的身体产生好的感觉。
- 积极的心态,如幸福和喜悦,确实会让人感觉良好。
- 愤怒和快乐等感觉不一定取决于我们所处的环境,我们可以随时唤起这些感觉。

感受来自我们内心深处。正如你自己刚体验的那样,我们可以选择生气、喜悦或者其他感受,只需想想能让我们感受到产生相应情绪的事情。进一步来说,这意味着,我们可以选择开心,也可以选择气愤,我们几乎可以在任何情况下唤醒和培养这些感受。

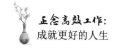

喜悦感也不例外，而且有非常多的积极理由让我们培养生活中更多的喜悦感。

喜悦会激发我们的能量和效率，增强我们做好工作和提高绩效的能力。正如所有感受一样，喜悦是一种我们可以从内心深处培养的感受。

在我们探讨如何培养喜悦这一强大的心理策略之前，让我们先看一下和愤怒相反的感受——喜悦，会对我们的神经系统带来怎样的影响。

身体与心理的连结

我们神经系统的反应源自我们的心理状态。我们的心理感觉对于我们的身体有重要的影响。

尤其当我们感受到威胁或压力时，我们的交感神经系统会进入"战斗或逃跑"模式，这和我们身处极度危险的状况时所表现的身体模式一样。当我们感觉放松和舒适时，我们的副交感神经系统会让身体进入"休息和消化"模式，这类似于你享用了一顿美味的大餐后的感觉。在此状态下，我们会以更加开放的心态享受当下。

了解我们的心理状态对身体的影响，对于增强幸福感和提高绩效非常重要。培养喜悦感，可以让我们在面临威胁时，重新平衡我们的神经系统，并在做出草率的反应还是冷静清晰的回应之间多给自己一秒的空间。这也让我们有更好的睡眠，并且更有效地消化食物。

简单地说，培养喜悦等同于更好地照顾好你自己的身心。当我们很开心地做事时，我们会有更多的精力和能量，我们能更好地处理问题，更自在，学习得更快；我们的社交能力会得到提升，我们更容易建立新的社交关系，改善现有的关系；我们的体力会得到增强，健康会得到改善。从心理学的角度来看，我们会变得更稳定和乐观。[1]

对于一些人来说，"喜悦"这个词听起来有点不现实，或过于乐观，请暂时放下这样的想法。喜悦对于你的神经系统有强大的影响力，而且是很容易培养的。

喜悦也是可以传染的。

镜像作用

《英国医学期刊》发布的一份研究指出,研究者发现喜悦是一种群体现象。[2] 换句话说,喜悦并不是只有我们自己才能享受的。事实上,研究者发现,喜悦可以追溯到3个不同的维度。当你感到高兴时,它对你身边的人具有传染效应和显著影响。换句话说,喜悦不仅对于你自己的神经系统有积极的影响,还可以让周围的人也感到从容和放松。

人类是高度社会化的群体。无论是有意识还是无意识,在任何情况下,我们都会通过观察周围人的反应来暗示自己应该如何表现和感受。科学家们发现,大脑中被他们称为"镜像神经元"的物质是我们复制或反映其他人感受的基础。[3] 这就是为什么一个在笑的婴儿会让我们笑,或者看到我们爱的人承受痛苦会让我们流泪。

如果你和非常喜悦的人在一起,喜悦具有神经传染性,你也会感到喜悦;相反,如果你和烦恼、沮丧或愤怒的人在一起,这也会被传染。

考虑到我们的行为是如此轻易给其他人带来影响,我们有必要停下来想想积极的情绪,如喜悦是如何给你、你的同事和你的组织带来益处的。当你把焦虑、压力、恼怒、沮丧的情绪带到工作环境时,注意你对同事的影响是很重要的。

需要澄清的一点是,我不是说保持喜悦的心态总是那么容易,当我们感到愤怒或不安时,我们也不应该对自己太苛刻。我们都过着忙碌的生活,而且我们的时间和注意力也被各种需求所争夺。积极的心态很容易被淹没在忙忙碌碌的日常活动中。

但是幸运的是,我们可以在生活中训练自己拥有更多的喜悦感。

我们无须等待它来找到我们——我们可以主动地选择喜悦。

培养喜悦

新加坡一家中等规模的非营利医疗机构中,围绕如何激发喜悦情绪,员工们掀起了一场热烈的讨论。

起初，人们对于喜悦感是否和工作环境相关产生了质疑，尤其是他们的工作环境是面对健康有严重问题的客户群体。该机构的一位领导——首席财务官表示，她在家里或者购物时能强烈地感受到喜悦，但是和工作似乎没有太大的关系。她也曾担忧在面对别人的苦难时，还保持喜悦是不大合适的。

其他领导向她提出了在团队中培养喜悦的潜在益处。他们意识到，并不是只有在楼道里蹦蹦跳跳时才会产生喜悦，员工可以从为他人服务中也能找到乐趣。

总体而言，该小组认为，在看护病人时，喜悦感是减轻压力、增强处在当下能力和培养友善态度的最佳方法。因此，有意识地把更多的喜悦感带入工作中，成为他们的战略重点。

在刚开始练习这个策略时，我们感受到自己可以自发地培养内心的喜悦。在忙碌的生活中，我们也可以这样做。办公室是一个让人喜悦的好地方，正如你的日常正念训练一样。下面，我们将会探讨最后一个心理策略——放下。

提示与反思：培养喜悦

- 喜悦是很简单的。你唯一要做的事情就是在静坐中找到喜悦，在微笑或笑声中找到喜悦，或是在一天中的任何时刻找到喜悦。
- 我们大多数人都是处于停不下来的状态，总是从一件事跑到另一件事。培养喜悦的关键是享受你的日常活动。当你开始每天的正念训练时，把它看作你每天给自己的礼物，这一点尤其重要。
- 在你的正念训练中，给自己一个机会，暂时放下你的任务清单和雄心壮志，以及关于绩效的想法。让自己坐下来，珍惜每一次呼吸，并怀着喜悦之心庆祝每一刻。每天短短几分钟去思考这些策略，都是你给自己的时间。带着微笑去享受它吧。

策略 #8

放下

玛丽来自欧洲一家大型金融服务公司,她负责企业内新的组织架构设计。这意味着,几百个岗位和员工们的未来安排都在她手里。

玛丽非常清楚她对所有这些员工们所担负的责任。事实上,她太清楚了,以至于她下班后把压力也带回了家里。这种分心让她很难投入家庭生活中。

当玛丽准备睡觉时,她已经筋疲力尽。即便她非常需要睡眠,但是工作中的各种想法让她整夜都辗转难眠。

我们大多数人都经历过类似的情况:无法放下思绪,让自己进入睡眠状态。当我们从一项任务转到下一个任务时,有些人会很难放下上一个任务的念头,还有些人很难从工作思绪转换到家庭生活中。

在一个想法带来更多的思绪之前,正念训练可以增强你放下的能力。事实上,如果我们越能放下我们的思绪,我们的思绪就会变得越轻松和灵活。某种程度上来说,这和计算机清理硬盘或者清空缓存之后性能变好的情况是类似的。放下,会减少你思绪的混乱。

一个中国的藏语组合词——nam-tok,很形象地描述了关于放下的挑战。

nam-tok

想象一下,你躺在一个离家很远的沙滩上。突然,一个关于工作职责的想法蹦了出来。这就是一个 nam,一个独立的想法出现了。

但是想法很少会只停于此。

另一个词汇 tok,藏语里指的是由第一个想法自然引发出来的每一个想法。如果你工作上的思绪 nam 是由于面临一个迫在眉睫的最后期限而出现的,那相

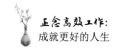

关的 tok 可能会和临近但还未完成的重要事件相关。通常每一个 nam 都会引发好多个 tok。事实上，根据我们的大脑最初对 nam 的反应，可能会有一系列额外的想法。

对于玛丽来说，tok 是她的问题的根源。当她需要睡眠时，一系列不必要和无益的想法让她无法入眠，而不是最初的那个想法；缺乏睡眠也进一步降低了她的工作专注度，让她和家人的关系有些紧张。这样就构成了恶性循环。

但是，玛丽希望能放下。

作为公司项目的一部分，她开始每天进行 10 分钟的正念训练。除此之外，她开始观察这些源源不断的想法是从哪里开始出现的，并试图把它们连根拔起。一般来说，她的思绪一到早晨闹钟响起就开始快速运转。为了打破恶性循环，她把闹钟当作帮助她放下思绪的提醒。在起床前，她会做 5 分钟的正念练习。5 分钟的正念训练使她清醒地起床，头脑更加冷静、清醒，并保持在当下。

经过几个月的训练，玛丽发现自己可以更容易放下那些干扰性的想法。她现在可以顺利度过早晨起床就思绪万千的难关，而不感到压力或不知所措。从早餐开始，冷静和清醒的头脑让她可以更好地开始新的一天，而且晚上也能睡得更好，同时有更多时间和更投入地陪伴孩子。

放下是一个简单但非常强大的心理策略。下面介绍一些帮助我们学会放下的方法。

提示与反思：关于放下

- 当你从一个任务转到另一个任务，或从公司回到家庭时，脑中某个想法一直无法放下时，你要从内心中识别出它。在tok开始大量衍生前，把nam隔离开来。在你隔离并观察nam之后，放下它。同时，有意识地去重新关注当下正在发生的事情。
- 当你决定每天进行正念训练时，尝试放下所有出现的想法和干扰。毕竟，让你分心的是一个想法。放下你特别想要专注在某个事物上的渴望，放下你对结果的期望。放下一切，就只是觉知当下。

- 用放松的特质去帮你放下思绪。当你在思考时，你的身体会产生压力。当你放松身体时，你也在放松你的头脑，身体的放松带来头脑的放松。然后，注意力集中在呼吸的体验上，帮助你放下思绪并保持处在当下——一次只呼吸一次。
- 当你开始探索想法的本质时，你会发现有时很难放下某些想法。考虑一下，把这些看成你重新调整大脑神经以便更容易放下思绪的机会。每当出现这些难以放下的思绪时，留意它的存在，并看看你是否能放下它。

第 3 章

基础训练

到目前为止，我们已经花了大量时间探讨了在职场中更好地进行正念训练和提高效率的技巧，以及一些培育优秀特质的心理策略（如耐心、友善和喜悦）。希望到现在你已经有动力去改变一些工作习惯和思维模式，从而创造出更大的心理空间，并提高效率。

但很明显，正念训练除了文中介绍的工作技巧和心理策略之外，还有更多的内涵。正念的核心是进行心理训练，并时刻连通大脑的神经网络。正念是一种训练方式。正念是一种工作，但能让你非常愉悦的一种工作。

正念训练是一项投资，这需要时间，需要付出努力。虽然许多人会说他们很忙，没有时间进行正念训练，但是我有不同的看法。我越是忙碌时，正念训练对我而言就越加重要。当我需要做的事情越多时，我做正念训练的时间就越长。我通过这种方式，保持专注、镇定和高效，不让匆忙的事务扰乱我的思绪。

现在是时候向你介绍真正的正念训练了。本书的这一部分是拿出时间，在日常生活工作中训练你的思维。

在第2章和第3章，我会向你介绍正念训练的两种主要方法：①敏锐的专注力，这会提高你的专注力，让你更清晰、更平和，从而提高效率；②开放的觉察，会提高你的自我觉察，洞察什么让你真正快乐。

第4章提供了系统地训练敏锐的专注力和开放的觉察所需的详细步骤，并将本书的所有技巧和策略付诸实践。让我们一起，每天拿出10分钟开始重塑你的生活。

训练 #1

训练敏锐的专注力

像我们许多人一样,苏珊平时非常忙碌。作为法国一家大型外资医药公司的总监,她每天的日程表从早到晚都排得满满当当。她几乎没有一天能拥有充足的时间做完一整天的工作。

事实上,她的待办事宜更像是堆积成山的无法完成的任务。由于她几乎没有足够的时间专注地解决一个任务,这个列表越积越多,最终成为令她失望的根源。

尽管苏珊的工作计划和安排还能顺利开展,但她却总感觉到焦虑和压力。她尝试过各种不同的时间管理课程和提高效率的软件,但没有一样能让她真正管理并掌控好这一切。

苏珊需要新的方法。她不仅仅需要一个新策略,而是需要敏锐的专注力。她不再重蹈覆辙坚持那些对她无效的策略,也不再期待从中得到不同的结果,她转向了正念训练。

通过几个月规律地训练,她发现有了明显的变化,她说:"看着这些日程表和任务,尽管我与以前一样忙绿,但感觉却不一样了。虽然依然很忙,但我感到更加放松和专注。"

正念训练,尤其是专注力训练,并不是不去承担更多责任,也不仅仅是减少每日的繁忙或更有条理,而是让人更清晰地觉察到干扰因素的本质,并不再被它们控制。

敏锐的专注力是一种专注于你所选择的事项的能力,不再被脑海中的其他想法带跑。拥有这样清晰的思维能帮助忙碌的我们,即使身处干扰众多的高压环境中也能不断成长。

对于苏珊而言,这种专注的力量给她带来了巨大的不同,一边是失控,一

边是能感受到生活中真正的平衡感和稳定感。用她自己的话说:"就好像我有了更多的能量来应对这些繁忙之事,并且不再被接踵而来的事情淹没,也能从不同的角度看事情。这让我在工作和生活中都更加平和,也能享受更多的愉悦。

我们谁不想要平衡感和稳定感呢?

有谁不想要多一点内心的宁静呢?

按我的经验看,通过每天 10 分钟、每周 5~7 天的密集训练,可在较短时间内显著提升人们的专注力。来自第三方机构的评估和内部调研结果显示,保持专注度的能力平均会提升 15%。[1]

专注力训练是不难的,但是并不意味着无须付出努力。管理我们的思维并不容易,训练敏锐的专注力时遇到的困难会成为导致沮丧情绪的源头。即便如此,如果你能放下沮丧的情绪,训练专注力的过程同样也能带给你巨大的愉悦与内心的宁静。要达到这一效果,你需要先放下你的预期,在训练的过程中感到失望、平静甚至是快乐,并不意味着真正的成功。成功的训练,是保持放松、专注与清晰的思维,来管理杂念纷飞的思绪。这是一种在众多干扰之中保持专注的能力:领先一秒觉察到任何想占据你注意力的东西。

本章的目标是说明如何通过训练敏锐的专注力来管理注意力,同时会介绍一种非常简单的专注力训练方法,然后我们将回顾培养高效与专注的大脑所需的三大品质,最后会介绍专注力训练带来的实质性好处。

ABCD 法则

正念训练的过程并不是被动的,而是激活大脑神经网络。每次你保持专注时,你大脑的神经网络都会创造新的"专注"连接和培养专注的能力。由于神经可塑性(neuroplasticity),你训练越多,这些神经连接能力就越强,你便更容易保持专注。

为了更好地训练专注力,我们把正念训练过程做了高度浓缩,总结为 4 点,并用易于记忆的字母缩写描述,即 ABCD 法则(见图 3-1)。下面我们详细介绍这一方法的每个元素。

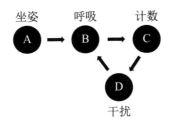

图 3-1　专注力训练的 ABCD 法则

坐姿：找到正确的姿势

在开始正念训练之前探讨坐姿问题，听起来有点奇怪，但大量研究表明，坐姿对于我们的心理状态有非常重大的影响。

当你开始训练思维时，确保自己的身体不会成为你的阻碍，尤其是在训练的早期，这非常重要。以下建议将对在训练期间找到合适的姿势非常有帮助。

如何保持舒服的坐姿

- 坐在椅子上，两脚平稳地放在地面上。身体保持平衡，不要向后倚靠、前倾或偏向任何一边。
- 挺直腰背，保持放松。保持挺直的坐姿可以让你保持清醒和警觉。
- 尽可能放松。感受自己的脖子、胳膊和肩膀的感觉——这是很多人感觉紧张的部位，慢慢放松紧张的地方。如果觉得有需要，可转动脖子，或者上下活动肩膀。同时，可以做深呼吸，保持放松。
- 将双手放到膝盖或者大腿上。
- 闭上眼睛。如果你感觉有点困，可以微微张开眼睛，让微微的光线刺激神经系统；如果你想要睁开眼睛，保持眼帘下垂，柔和地看着眼前的地板。
- 用鼻子呼吸。

在开始训练的前几分钟或只要保持警觉与放松状态时，在一步步扫描身体时或许你会觉察到紧张的地方，在觉察后放松那些部位对你会有帮助。

这样你的身体会就会逐渐放松。身体的放松会带来大脑的放松，身心的放松是训练专注力的先决条件。

随着训练时间的推移，你会越来越容易进行有目的性和针对性的训练。你会更早地发现警告信号，并且在睡意控制你之前保持清醒。

当你放松舒服地坐好时，找到一个专注锚点。

呼吸：专注力的锚点

你是否坐过船？不是那种庞大的邮轮，而是小船，就像帆船这样。

如果你的船随着海浪或袭击而来的风一直飘忽不定，你不可能保持专注——停在同一个地方。为了不让船飘走，你需要下锚。

一个无法专注的大脑就像一艘没有锚定的小船：蜿蜒曲折地飘着，毫无目标，飘向不确定的地方。要掌控自己游离的大脑，你需要锚点来训练专注力。呼吸训练 ABCD 法则的呼吸（Breathing）就是这个锚点。

理论上说，你可以选择任何事物作为你注意力的锚点，但选择呼吸作为锚点有两个重要的优势。首先，呼吸可以强化副交感神经系统，从而让你更好地休息和放松（这就是为什么当你焦虑时，人们常说"深呼吸"的原因）；其次，呼吸无处不在，无论你在哪里，或去哪里，你的呼吸会一直伴随着你。下面是把呼吸作为锚点的方法。

把呼吸作为锚点的方法

- 将全部的注意力专注在感受呼吸上。感受当你吸进气息时腹部的鼓起，当你呼出气息时腹部又是如何收缩的。
- 如果一直注意着肚子让你感觉不太舒服，可以尝试观察鼻孔的呼吸，关注空气从鼻孔吸入与呼出的过程。
- 用中立和放松的态度观察你的气息。不需要深呼吸或是缓慢的呼吸，你也无需操控或者改变呼吸的频率或深浅。你不必以任何一种方式去改变。就像你在岸边观察海浪的随波起伏一样，你不会试图去控制你刚才看到的波浪——只是观察，用这样的方式观察呼吸。虽然保持中立态度去观察会有些挑战性，但是对于进一步的训练非常重要。

当你的身心放松,将注意力集中在呼吸上时,数呼吸将有可能帮助你顺利进行后续训练。

为专注而计数

即便一艘小船在海里被锚固定,但是仍有很大的可能会遇到波浪或突然而来的风暴,破坏平稳的状态。同样,当你安静地坐着,专注于自己的呼吸时,你会不可避免地遇到干扰与分神的东西。数呼吸,即 ABCD 法则的 C 法则是保持专注的好方法。

下面介绍的内容会帮助你使用计数的方法,从而训练和保持敏锐的注意力。

有效地计数

- 吸气、呼气。当你完成一次呼吸时,数1,心里简单地默念。再次吸气呼气,数2。保持同样的方法继续进行,直到数到10。然后回到1开始数,重复这个过程(见图3-2)。

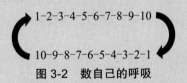

图 3-2　数自己的呼吸

- 如果你数到3或者7时,感觉很难保持专注,别担心。计数的关键不是你数了多少次这个循环,而是帮助你保持专注的一种有效方法。
- 当你数到3或7时,你突然发现在机械地用惯性计数而不再专注,可以回到1重新开始。同样,如果你发现自己停止了计数,回到1重新开始。
- 如果你发现思绪在两个数字中间游走,这意味着你没有完全专注于你的呼吸。全神贯注的同时又保持放松,关注在呼吸上。

对于多数人而言,尤其是在初始阶段,计数的方法对于专注力训练非常有帮助。但是对有些人来说,计数会让其分心。如果计数的方式没有让你感觉到专注,可以不用再计数,你仅仅只需要专注在自己的呼吸上。

只有你觉得对你有帮助时再计数。

如果感觉到受阻就停止计数。

正如正念训练中我们所强调的许多原则一样，最好能确保最终的目标清晰可见——放松的身体和平静的心理。如果运用计数或其他方法遇到阻力，不要灰心。相反，要感激你已经认识到那些对你不适用的方法，并把它视作一个能让你的正念训练更高效的机会。

ABCD 法则的最后一个元素是干扰。

干扰：放松、放下、回归

在进行专注力训练时，干扰是你最好的朋友。干扰出现时，就是告诉你：偏离轨道了。

什么是干扰？在训练中，基本上除了呼吸之外的东西都是干扰。它可能来自6个方面：嗅觉、味觉、触觉、视觉、听觉和思绪。不管干扰来自哪里，应对它的方式都是相同的：放松、放下、回归。

管 理 干 扰

- **放松**：当你觉察到你被想法、声音或感觉干扰时，觉察它是否在你身体上产生了某种紧张感。尽力释放这种紧张，保持放松。意识到你已被干扰的状态，这并不是世界末日。与其感到沮丧或恼火，不如把这种干扰看成一位好朋友，它会温柔地提醒你，你的注意力已经被干扰了。每次当你觉察到自己走神时，都把它看作值得庆祝的时刻。毕竟，当你意识到思绪游离时，你就处于正念状态了！

- **放下**：放下你可能会遇到的任何干扰，让专注力回到呼吸上。你的注意力一次只能在一个地方。如果你选择专注于自己的呼吸，干扰因素就会被放下。心怀感激地放下干扰，它会帮助你觉察到注意力偏离呼吸的状态。

- **回归**：当你放下干扰，并再次感到放松时，带着全新的专注和觉察，重新回归自己的呼吸。

你或许会发现，专注力训练是在觉察呼吸和被干扰之间不断地来回。有时候，你会感觉干扰的时候多于专注的时候；其他时候，专注的状态多于干扰的状态。

记住，专注力训练的目的不是在过程中没有任何干扰。如果是这样，我们都不能成功做到。其目的是觉察到我们被干扰的事实，并认可自己有能力重新集中注意力在呼吸上。我们有意识地管理注意力，这对训练敏锐的专注力至关重要。

当你进行这样的训练时，你就在为你的神经网络连接做涡轮增压（让大脑"专注"的神经网络快速连接）。你的大脑会更专注于手头的工作，同时你也能觉察到什么时候自己受到干扰，并把你的注意力重新回到你所选的任务上。这两种技巧的应用对于快节奏、高压力的工作环境非常有效。

正念的3个核心品质：放松、专注和清晰

在专注训练中，高效的大脑有3个核心品质：放松、专注和清晰。这3个品质适用于所有我们需要高效管理注意力的情景，如当我们与他人相处、工作以及训练大脑时。这3个要素可以帮助我们达到最佳的效果。

它们能让我们拥有领先一秒觉察并管理干扰因素的优势。

这3个要素也是我们在进行正念训练时，克服三大主要挑战（紧张、过度兴奋、瞌睡）的解药。放松可以克服紧张，专注可以克服过度兴奋，清醒可以克服瞌睡。下面的部分探讨了每一种方法的具体步骤。

用放松克服紧张

或许你在工作之后肩膀会感觉到紧张，也或许会感觉压力性头痛。

不管紧张具体以什么形式呈现，大脑的神经系统都会产生反应。无论生活还是职场，我们中的许多人都面临着巨大的压力，要尽快解决问题。持续不断的压力造成我们的大脑神经系统处于高度紧张的状态。

当你练习正念时，你会发现自己进入神经系统的"表现模式"。似乎安静地坐着让你感觉不自然，尤其当你有那么多任务需要完成时。在"表现模式"下，

你可能会强迫自己遵循练习步骤,力求完成训练的每一步而忽略其中的真谛。但是如果想"擅长"正念,从而尽快结束,并让自己尽快获得高收益,并不能真正给你带来益处。

只有放松才能带来敏锐的专注力。但是,由于紧张实际上根深蒂固地存在于我们体内,我们如何有效地培养放松感呢?请考虑以下提示。

培养放松感

- 当你吸气时,扫描你的身体,找出你正感觉紧张的地方;当你呼气时,注意这一部位,让紧张感释放出来。
- 让呼吸释放压力。为了有效,可能需要重复练习几次。根据需要花尽可能多的时间放松每个感觉到压力的地方,然后继续下一个你发现压力的地方。
- 记住如下定义:"放松是为了节省不必要的力气。"扫描身体上任何过度用力的部位,并轻轻地放松它们。
- 在开始训练的第一分钟,扫描并释放身体的压力,或是用足够的时间来增强你进入放松而警觉状态的能力。这样你的身体与大脑会更放松。

记住,当你每次进行放松训练时,你都会创造新的神经连接——这些神经连接能够让你更轻松地完成下一个训练。同时,你也会发展出"肌肉记忆力":理解何为放松,以及如何激活大脑放松。通过训练,你会逐渐地教会自己的肌肉根据你的方式进行放松,你可以在面临重要的演讲前,或在一场挑战性的会议期间,或晚上睡觉前进行放松。放松的身体和大脑是进一步培养专注力的最佳基础。

通过专注克制过度兴奋

专注的大脑不再随意游离,而是可以专注于所选择的事物上。但有时,我们的思维会过度活跃,游离到任何方向,或转移到任何出现的干扰上。

或许有些人天生比别人更专心，但每个人都可以通过训练来提升专注力。不管你多努力，你总会遇到难以专注于呼吸的时候。当你发现大脑过度兴奋时，将它看作培养专注力的好机会。可以通过以下两种策略来达到效果。

培养专注力

- 在许多不同的情况下，面对过度兴奋的大脑的惯性反应是沮丧，结果是强迫自己用力专注在呼吸上。虽然这种强迫会帮助你保持专注，但是却会很费力，而且并不利于培养清晰与冷静的头脑。所以，对于过度兴奋和干扰的第一反应是放松。
- 提升专注力的另一种策略是放下对训练结果的期望，让你的呼吸控制你的注意力。你可以自主地呼吸，观察每次吸气与呼气。作为一个中立的观察者，专注在呼吸上，无需做多余的努力。

要想实现生活中你想完成的事，管理注意力的能力十分重要。运用以上两种策略，可以让你慢慢地创造新的神经连接，让你警觉而放松的注意力聚焦在正念训练的体验上，而不是放在期待的结果上。这种专注的状态是培养清晰的思维的基石，清晰则是这3个品质中的最后一个品质。

用清晰克服昏昏欲睡

面对昏昏欲睡的大脑和过度兴奋的大脑一样充满挑战。即便看上去你已经实现了正念训练的一个目标——你感觉平静而放松——但是昏昏欲睡对保持正念并没有好处。相反，昏昏欲睡的感觉就像处于一种黑暗、迷糊和迟钝的心理状态。

另外，头脑清醒的人是完全清醒的，它能让人清晰地看到和感知到最细微的细节，正如一台高清晰的显示器。以下建议将帮助你在练习敏锐的专注力时保持清晰。

> **培养清晰的大脑**
>
> - 当你感觉昏昏欲睡时,你需要唤醒自己的专注力,提升警觉。要做到这一点,你可以在坐下时挺直身板,或者做一个深呼吸;你也可以睁开眼睛,让双眼向下看着地板,以减少干扰。
> - 提升清晰力的另一个策略是在保持自然呼吸状态时唤醒好奇心,把每次呼吸看作全新的体验。对呼吸时具体的细节保持好奇,留意呼吸在哪里?具体感觉是怎样的?什么是呼吸?
> - 当你刚感到昏昏欲睡时,提升自己的警觉。不要让空虚无聊占据主导,牢记在正念训练中的目标和意图。随着时间的推移,训练会变得越来越简单。你会更早地发现警告信号,并能在昏昏欲睡控制你之前保持清晰。

当你训练时保持清晰的思维,就会看见呼吸过程中所有的细节。当你分心时,你能马上觉察到。同样,当你在日常生活中拥有清晰的思维,也会在和他人交流时注意到细节,更容易读懂别人的心理状态。你会在任何一种充满挑战的环境里发现巨大的机会。在做出惯性反应时,获得提前一秒的优势,可以让你看到事物更多的潜力。这就是当你在进行日常的 ABCD 训练时,意识到 3 个挑战和 3 个品质的重要性。

如果你能保持放松、专注和清晰的大脑去应对任何充满压力和挑战的状况,你的日常生活会有什么不同?通过训练放松、专注和清晰这 3 种品质,你能够培养出一种能力——通过简单的呼吸,通过专注找到放松的状态,并且在最困难的状态下保持清晰的思维。正如美国一家跨国金融服务公司高管大卫所说:"专注训练让我拥有了一种能力,即便生活在凌乱中,我也能保持冷静和清晰的思维。"

当然,每个人正念训练的体验都是不一样的,每个人的感受都会不同。即便如此,正念也会让训练者收获共同的成果。

专注力训练的益处

如果你已经开始训练专注力,你或许想知道自己是不是和其他人有同样的体验。在接下来的部分中,我将会探讨人们训练正念的一些共有的益处,包括改善专注力,提高回应度,提升创造力以及更高的幸福感。

改善专注力

自然,专注力训练的主要目标之一是提升专注力。虽然许多人已经明显地感受到整体工作效率的提高、专注力的进步、睡眠质量的改善,但是有些人开始质疑通过日常训练专注于呼吸到底能给自己带来什么进步。

这是极具误导性的。

有时人们会感觉好像没有什么进步,但事实上他们已经在进步了。尤其是当人们没有设定什么现实的预期,或不会把训练目标定为不分心时,更是如此。但是要理解一点,即便在进行正念训练时,你的思维也一直在游离,这并不意味着你没有在进步。

你在进步。

当你开始训练你的专注力时,它自然会改善。一旦开始训练,你就会开始发现和辨别你以前从未注意到的东西。你会意识到一种全新的分心状态,你能感知到分心一直在,但是它不会像以前那样干扰你。

归根结底,正念训练并不是让你坐着不动,集中精力在呼吸上,而是提升你的能力,让你专注在生活中最重要的方面:你的工作、你的同事和你的家人。多数人在训练几周后就感受到了由此带来的巨大变化。试着放松并享受你正体会到的好处,即使在开始的时候,可能只是生活中 10 分钟的空间、安静和宁静。

提高回应度

生活中有许多事情是我们无法控制的。我们无法控制天气、交通,或者从老板那里得到的负面反馈,但我们可以选择回应方式。这给我们每个人提出了几个重要的问题:我们会允许外部环境和他人的行为对我们产生负面影响吗?

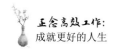

或者，我们反过来想想，是否也有可能是一个帮助我们成长的机会，而不是去惯性反应呢？

在感性刺激和理性回应之间营造一个空间，让我们有机会自如地回答这些问题：我们可以选择何时、以何种方式做出回应。在一秒之间，是做出理性回应还是惯性反应之间的差异。这是我们在做出重要决策中关键的一秒，也是我们得以获得心理平静、愉悦和幸福感的基础。

你训练越多，这种在理性回应和惯性反应之间的空间就越大。随着训练的深入，你会在思绪给你带来干扰之前就觉察到它们，并放下。也正是这种能力，在刺激和反应之间营造了巨大空间。用这种方式，我们可以获得对生活的更大掌控感——我们开启了选择的大门——也越来越不会沦为各种状况的受害者。

提升创造力

设想一下，你正坐着进行 10 分钟的日常正念训练。突然，困扰了你几周的某个问题的答案出现了。

你会怎么做？

你会睁开眼睛，马上投入你的创造性突破吗？或者你只是观察它，意识到这不过是一个干扰，记住它，直到完成训练？

这是一个两难的选择！

专注力训练的一个真正美妙的益处，就是当我们思绪减少混乱时，创造性思维会从我们的大脑皮层升起。正如我们此前探讨过的将正念应用于创造力提升的技巧，一个更加放松、专注和清晰的思维，可以带来更有创造力的视野。但是，要进行有效的专注力训练，放下所有干扰因素是非常重要的，即便是你拥有的最具创造性的想法，也应该放下。

为什么？

有两个原因。首先，当你开始训练时，你时常会发现创造性思维汩汩而出。在安静的时间投入美妙的创造性思维看似感觉非常好，但是并不能训练你的专注力。不管你当时的想法有多么棒，你都要训练自己把它视作干扰，然后让专注力回到呼吸上来。

第二个原因是，在整个训练过程中的信念是非常重要的。专注力训练的一个重要好处，就是记忆力的提升。你要相信，如果一个想法真的那么好，当你完成训练它还会回来的，它甚至可能会在你更加专注的时候回来。澳大利亚喜剧演员凯瑟琳分享说："当我在训练过程中不去追求这些想法，而只是去关注我的呼吸时，我发现训练结束后，这些想法会变得更加清晰。这是一个很好的方法，能让我更加冷静，同时为真正伟大的想法创造更多的心理空间。"

更高的幸福感

想象一下，如果你的大脑更放松、更清晰、不随着惯性做出反应，这对于你的整体幸福感有怎样的影响呢？

人们通过专注力训练通常带来的效果包括压力更小、更冷静，能够从生活中获得更多的乐趣。总之，这可能是一个非常强大的可以带来宁静与幸福的秘方。

如何评估愉悦感，你自己的感受和体验是最好的测量方式。当你投入训练时，留意自己的幸福指数。问问你身边的人，他们是否注意到你的不同。有时候，在你发现自己的变化之前，别人更容易看到变化。

除了主观的自我评估外，研究数据也有力地表明了专注力的提升和幸福感之间的关系。来自哈佛大学的研究者基林斯沃思和丹尼尔·吉尔伯特发现，当思维游离时，即便是在想愉悦的事情，也不会增加我们对于幸福的主观感受。他们对研究做出结论："人类的思维是处于不断游离的状态，而游离的思维并不是幸福的。思考现在没有发生的事情的能力是一种认知能力，需要付出情感代价。"[2]

简而言之，当我们不专注和投入当下发生的事情，任由思维游离时，我们就不那么快乐了。相反，同样的研究表明，专注的大脑——在任何时刻都能活在当下——比游离于过去或未来的大脑更能感觉到幸福。[3]

科学研究得出的结论与正念大师几千年来描述的结论日益类似。在正念训练中，专注的大脑会带来更大的心理满足感。当完全专注时，它就会成为无尽的快乐和内心平静的源泉。

从敏锐的专注到开放的觉察

当我们放下对结果的执念时,专注力训练会变得轻松,你的收获也会越来越多。这也是培养高效大脑的开始——无论在训练还是日常生活中,都要保持放松、专注、清晰。

但正念并没有就此止步。

在下面的内容中,我们将会深入探讨开放觉察的训练。在开放觉察的训练中,敏锐的专注力有助于洞察本质以及如何对其进行优化。通过开放觉察的训练会培养出全局视野,帮助你更客观地看待自己、他人和每一个场景,让你自己有权利选择把注意力放或不放在哪些人或物上。

训练 #2

训练开放的觉察

开放的觉察就是观察你的思维的能力。这种训练旨在让你了解思维的运作模式,以及如何影响我们应对生活中的挑战。开放的觉察会让你避免成为被环境所困的受害者,即任由外界情况触动而做出惯性反应。开放觉察训练让你和周围的世界建立一种新的关系,它让你的思维愈加清晰,在遇到各种情况时为自己争取一秒的暂停时间。在开放觉察的状态下,惯性模式不再是默认反应;相反,它会催化你与你脑中事件相关联的能力,给你的生活和工作带来全新的清晰感和方向感。

许多实践经历表明:带给我们烦恼的不是周边的环境,而是我们对环境的回应方式。

这并不容易实现,它不会在一夜间凭空出现。如果我们能对生活中所面临的所有挑战做出超然的反应,那将是非常好的。但,这并不容易。我们不能只是告诉自己以不同的方式思考就能直接改变我们的思考模式。没有一个按键或者开关可以让我们神奇地放下偏见,超越挫折,或让痛苦消失。

这就是正式的开放觉察训练的价值所在。

培养开放的觉察给了我们一个机会,深度理解和感受,并认识到问题的根源在于自己的心。

第 2 章已经探讨了培养专注的重要性,但仅仅只是关注注意力本身是盲目的。无论是购物清单、电子邮件,还是即将到来的假期,大脑都能让注意力去关注那些比呼吸更有趣的事情。开放的觉察让专注力有了方向与意义。结合敏锐的专注力与开放的觉察,可以帮助你更加正念地管理时间、精力和注意力,最终提升生活和工作效率;结合敏锐的专注力与开放的觉察,可以让你获得领先一秒的优势,而这潜在地拉开了平庸与领先的距离。

本节致力于引导你深入探索惯性反应与觉察回应之间的领先一秒的优势。要做到这一点，我会先简述开放觉察的基本训练和有关见解，以及你努力后会获得什么。

选择权在你手上

设想一下，在一个繁忙的工作日，你坐在计算机前。你已经连续开了好几个会，上气不接下气，连吃饭的时间都没有，终于觉得有时间集中精力工作了。

但是突然间，一堆邮件出现在收件箱——5 封、8 封、15 封——雪崩一般的问题和需求奔涌而来。想到有这么多事情不得不去处理，一时间你感觉到巨大的压力。于是，一系列干扰毫无预兆地扑面而来。

你来来回回地在原计划的任务与新出现的邮件上切换注意力，尽自己最大可能同时处理它们，但仍感觉没有进展。

或许我们很多人都遇到过这种情况，对吗？

现在，不要因为新的干扰而让你心烦意乱，想象你能够觉察到这些干扰，但是没有分心。设想一下，当你收到新邮件的提醒时，不要立刻对每一封邮件做出反应，你拥有选择的权利。觉察到有些邮件并不是那么紧急，中立地观察这种觉察，觉察到它们的存在，同时把注意力放在手头的任务上。

开放的觉察并非是减少生活中出现的干扰，相反，它让你留意到这些干扰是什么，并且选择值得关注的部分。开放觉察训练的本质是以中立的方式观察你的想法、感觉、情绪和工作，就如一个观察内心的观察台。这种方式紧密地连接了专注与觉察。正如前面所讲，当你训练自己的专注力时，你会让你的心理望远镜更敏锐。你学会仔细观察你选择的对象或体验，如你的呼吸。当训练开放的觉察时，你将望远镜指向你内部思想的运作，观察正在发生的事情，以便洞察你自己的体验。训练开放的觉察可以让你提升内在自由和自我认知。

训练开放的觉察

一天当中你因为担忧与压力，做事情时一心多用而浪费多少时间？你又浪费了多少光阴去思考你无法改变的事情？对于我们许多人来说，这些问题的答案会是"很多"。

我们看看乔治的例子。他是美国一家大型制造企业的领导。乔治曾经一度被自己的思绪所摆布，每个想法都在他脑海中来回萦绕。

如果你已经开始训练，你可能就觉察到仅仅在呼吸训练的 10 分钟内大脑就有非常多的想法。现在，想象一下成日都在想头脑中的每个想法。乔治就是处于这样的境况。

在经过训练开放的觉察后，乔治对自己的思维模式和心理活动有了一些深刻的见解："我现在意识到，我不必去想脑子里的每一个想法。虽然听起来很奇怪，但我现在很清楚，有一些想法实际上是不值得花时间思考的，我最好还是放下它们。"

但是开放的觉察并不只是把无建设性的想法丢进"忽略"的垃圾桶。对于乔治来说，开发觉察训练改变了他的思维模式。正如他所说："有能力从我的想法中退后一步，给自己点时间和空间来选择我是否和如何做出反应，这是非常有用的。"在做出惯性反应之前退后一秒，最终能为我们省去许多不必要的担忧，改变低效的工作习惯。

当然，改变你的思维模式和看待世界的方式绝非易事。幸运的是，我们有非常简单的方法可以帮助你重新设定自己的思维模式。

当训练开放的觉察时，你不再把呼吸作为注意力的锚点，正如敏锐的专注力训练，把锚点置于干扰上（见图 3-3）。

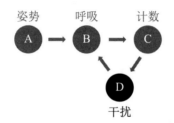

图 3-3　训练开放的觉察

从 ABCD 模型开始训练，它能让你保持冷静、清晰与专注。一旦你培养出足够的专注力，你便开放觉察，成为自身体验的观察者。你可以参考如下指导方法，训练开放的觉察。

训练开放的觉察的步骤

- 像专注力训练一样，从舒适的坐姿开始，如A（姿势）所描述的开始。
- 像专注力训练一样，在一两分钟内，将你的注意力专注在你的呼吸上，让你的思绪稳定下来。数一下自己的呼吸，如果这样可以帮助你不去分心。一个接一个地检查你是否达到3个核心品质的状态：放松、专注、清晰。
- 当你达到如上状态时，可以开始训练开放的觉察。
- 不再专注在呼吸，把注意力转到出现的感知上。当你被第一个干扰所吸引——或许是一个声音、想法、身体感觉，或者其他事物——你可以将所有的注意力专注在它上面，并将它作为你觉察的锚点。
- 中立地观察干扰，正如观察你的呼吸一样。不要思考它，不要沉溺其中，不要试图让它停留或离开，只是观察它。如果你感觉有用，设想观察干扰时就像观察海滩上的波浪一样。
- 觉察到干扰的到来，注意到它的存在，留意到在某一刻它的消失或改变。
- 当干扰消失时，以同样的方式开放地接受下一个干扰；当干扰改变时，中立地跟随转变。
- 如果在某一时刻你发现自己被干扰带跑，停下来，放松，放下干扰并重新回到呼吸。几分钟后，当你的注意力稳定下来后，放开呼吸，继续开放觉察的训练。
- 不管在任何时候，你都可以简单地回到呼吸锚点。做好准备，在整个训练过程中，你可能需要一次又一次地回到呼吸，以确保你不会被思绪和干扰带跑。

- 如果你觉得很难以中立的态度面对干扰，即如果你觉察到你开始沉溺到干扰中，给它一个简短的心理标签可能会有所帮助。例如，你出现了一个购物的想法，你可以将其标记为"购物"，观察这个想法的体验，而不必考虑它是什么以及你将从哪里得到它。你也可以用更简单的标签，如"想法""感受"和"感觉"，而不需要限定。

虽然以上指导非常简单，但对大多数人而言，中立地观察想法、感觉、感受与情绪，而不沉溺其中是一件比较困难的事。确实如此，许多人发现开放觉察训练十分困难，特别是在一开始。

但是不能低估训练开放的觉察后获得的心理能量与自由。当你获得产生想法与实际陷入思考之间的那一秒空间，也许就是感觉痛苦与陷入痛苦、感觉愤怒与陷入愤怒、感觉焦虑与陷入焦虑的区别。简而言之，你从开放觉察训练中得到的一秒，能够改变你体验世界的方式与面对生命中所有事情的反应。

观察想法与经历而不陷入其中不仅能提高效率，带来内心的平静，还能保持你的精力。毕竟，思绪过多是心理疲惫的根源。

把开放觉察作为基础训练，持续几周，培养你中立地观察想法与精力的能力。当你觉得你可以不再对干扰自动反应而是有觉察地回应时，你可以进入下一个开放觉察训练阶段，包括下面概述的3个见解。

3 个 见 解

开放觉察中的3个见解为一切都会改变、幸福是一种选择、一切皆有可能，这也是生命的本质，与变化的本质、不幸福的根源、我们自己的本性相关。当我们深入地理解了这些，它们会改变我们的生活方式，也改变我们面对生活中挑战时的应对方式。

见解#1：一切都会改变

我们经历过生命中的许多困境，或许是失业、为健康状况担忧，或者为孩子烦恼。真正的挑战是，我们感到沮丧、生气或心烦意乱，通常会导致痛苦或无益的想法。

幸运的是，没有一种情况恒久不变，改变是不可避免的。

理性地说，我们明白，即便让人最失望的情况最终也会改变。但即便如此，大脑还是有一种倾向，似乎这些困境的时刻会永远存在。

开放觉察的第一个见解便是培育出这样的直觉：一切都会改变，任何事情都是转瞬即逝的。任何事情都是如此。

你越是深刻地理解到每件事都会改变的事实，就越容易处理消极的事情，因为你知道它们也会改变。你也会对你所经历的积极的事物愈怀感激和珍惜。在你的训练与生活中，当你观察到你的困扰时，无论它们是什么，都要问你自己以下问题：

- 你经历过什么从来不会改变的事情吗？
- 有没有一个想法永远不会消失？
- 有什么是固定和静态不变的，或者永远如此的吗？

不断重复地问自己这些问题。你发现了什么？许多人都会有一种深刻和直觉的认知，任何事情都会改变，这是一个不争的事实。所有不愉快的事情都会随着时间而消逝。由于不愉快的事情会消失，因此任何抵抗都是在浪费精力。从另一方面而言，幸福也会消散，如果对幸福的感觉过于依恋，也会是一种精力的浪费。

当发生不愉快的事情时，你多久才发现自己沉溺其中？现在，想象一下，仅仅是因为你花了一秒的时间后退一步，看到了事物终将改变的本质，你将会有更多的时间和精力成为一名高效的领导者、合作伙伴、父母或朋友。

你越是训练自己看清事物变化的本质，就越能管理生活中出现的困境，也从中欣赏它的美。当你不再对喜欢的事物产生依赖，或者对厌恶之事产生抗拒时，你就获得了更多自由。

见解#2：幸福是一种选择

想象一下，两辆车由于前方相同的事故同时被堵在了高速公路上，这两位司机要去开同一个会议。第一个司机平静地坐着，享受着早晨的阳光和车内的宁静；第二个司机却充满了气愤和失望，好像所有人和所有事都在和他作对。

这两种情景有什么不同？客观地说，如果堵车是导致失望情绪的根源，难道他们不应该都对着拥堵的车辆不停地按喇叭吗？

其实，并非情景本身导致了不同，而是司机。

两个司机遇到了相同的情景，但以两种截然不同的方式回应。第一个司机接受事实，他不可能比前面的车走得更快，所以他没有把精力浪费在愤怒和失望上，而是将这段时间作为馈赠，休息一下；第二个司机则成了自己最大的敌人，他对堵车感到懊恼，给自己编织了一场心理剧，但这无法让他更快地到达目的地，而只会消耗他的精力与身心健康。

同样，我们所经历的情况本身不会导致失望或愤怒，而是我们的回应当时造就了我们对生活事件的认知。无论外在环境如何，我们是自己幸福与不幸的根源。当我们改变世界观，我们就有潜力把自己从问题中解放出来。当你观察你的干扰，问问自己：

- 这种想法是给我带来幸福还是痛苦呢？
- 这种想法对我想成为的人、想做的事情有帮助吗？
- 这种想法有助于我对其他人带来积极的影响吗？

如果放任不管，所有的想法都会影响你。但是如果能意识到你有能力改变所经历事情的认知，那么你就解放了自己。通过中立地观察你的想法，你会发现一些想法会产生焦虑，一些会产生气愤，另外一些会导致失望。觉察到这些想法带来的影响，可以帮助你决定哪些是值得你花时间的，哪些是你要放手的。通过训练改变自己解读想法的方式，你就改变了生活体验，而开放的觉察训练就是这一切的第一步。

美国切罗基传说（Cherokee legend）中有一个故事：一位老人坐在一棵树下，给孙子们讲关于生命的故事："在我们的生命里有两只狼。一只是恶狼，总是充满了愤怒、猜忌、嫉妒、虚伪和傲慢；另一只是善狼，总是充满了仁爱、同理心、诚实、慷慨和谦逊。两只狼经常打架。"

其中一个孙子问："那谁会赢呢？"

"你喂养的那只。"老人回答。

开放觉察是看到你内心的两只狼打架的先决条件，也是你选择喂养哪一只狼的先决条件。

见解#3：一切皆有可能

在过去的30年里，心理学家和神经学家一直在寻找大脑的控制中心，即发号施令的地方，"真我"的中心。尽管大脑中有数十亿个神经元，但没有一个被确定为个体或自我的控制中心。

从科学的角度来看，我们看起来像是一个非常复杂的系统和过程的综合体。尽管没有控制中心存在，但在神经学上，我们倾向于内在有一个自我的幻觉。我们倾向于体验自我，认为自己是一个固定的实体，具有特定的特征和特性。自我意识越强，当他人说了或是做了一些我们不喜欢的事情时我们的反应也就越剧烈。我们越是理解自己并非想象的有个固定的自我，我们就越不容易感觉受到伤害。

要深入探索这个观点，可以用开放觉察反思一下你的经历。当你观察自己的想法时，是谁在观察呢？如果你不是你的想法，那你到底是谁呢？花一些时间好好思考一下这些问题并考虑带来的结果。

这并不意味着你不存在，而是意味着你并不以你认为的方式存在。如果这听起来很奇怪，那就自己测试一下。当你在训练开放觉察时，你注意到你身体的某个部位有一种感觉，试试看你可否指出谁感受到这些感觉。终究，你会发现，就如许多人所发现的那样——你无法找到真正体验知觉的人。你会发现一系列的程序步骤，会出现想法、感觉、知觉、声音，但是你并不能说是谁在感知。这个逻辑的结论是：你并非如你想象得那样有一个固定清晰的自我。

这是一个好消息。如果我们感觉没有一个固定的自我，那么我们就有巨大的可能性。我们有可能把每天面对的大量干扰因素从琐碎的干扰转化成更多的可能性。

一切皆有可能。

如果我们能意识到任何事物都有潜力，没有什么事物本身是固定孤立的，那么我们就可以重新定义自己。我们可以打破对自己和他人局限性的定义，我们遇到的每一种情况都有新的可能性，没有任何事情是固定不变的。我们有机会基于自己的认知去定义任何人和任何场景，无论它们是多么狭隘或宽广。当我们知道一切皆有可能时，这为我们每个人提供了大量的机会和创造了积极的结果。

你能获得什么？

训练开放的觉察对于我自己的生活非常重要，对我的职场生活更是如此。这3种见解帮助我看到了我的潜能，并且让我成为一个极富创造力的企业家和领导者。它让我看到了许多人所看不到的巨大的潜能和机会，也让我放下对于成功、金钱或冲突的忧虑。它让我可以更好地活在当下，更清晰地应对各种挑战。正如第1章开篇我们描述的那位焦躁不安的经理雅各布那样，它能让我提前一秒觉察干扰与负面的想法。

虽然每个人的体验都是不一样的，但参与我们计划的成千上万人的报告显示，通过开放的觉察训练，人们都获得了相似的结果：更高的心理效能，改善与内在想法的关系，对于自己和他人拥有了更大的同理心。

提高心理效能

设想一个场景，你正坐着写一封重要的邮件。当你正在构思邮件时，关于这周末打高尔夫或者想买某种东西的念头从头脑中闪过。

如果你把注意力放在这些干扰上，那么写这封邮件就需要花费更长的时间，而且不能有最佳的效果。虽然你的想法很强大，但它也可能是你最大的敌人，当它仅仅抓住一些想法——无论是积极的或是消极的——便制造了混乱。我们大多数人都浪费了许多时间与精力在一些无益的干扰上。那时，我们大脑处于惯性驱动状态，我们也无法控制自己的想法。

但是通过训练开放的觉察，我们越来越觉察到这些干扰，而不是把注意力放在它们身上。最终的成果是，你能把更多的精力放在你需要去做的事情上，并把时间留给你自己和生命中重要的人。

改善与想法的关系

我们越是观察自己的想法，就越发现它们是混乱的、重复的，且通常是不相关的记忆、未来的渴望和过往经历的片段。当某种想法从我们的头脑中出现，并不意味着它是与你相关或真实存在的。你的想法仅仅只是想法，无须抓紧不放，或沉溺其中。

你的想法不是你。

你不是你的想法。

想象你的大脑就如天空一般清澈纯净。如果你的大脑是天空，你的想法就是云。它们穿越其中，无缘无故地出现，然后消失。有些时候你会发现正念训练就好像是无云的天，清澈，没有想法和分心。而另外有些时候，你会觉得你的大脑充满着云雾，有的是暴风雨和乌云。在这些日子里，想象你一直升到云端之上，那里的天空依然清澈纯净。

当你训练开放觉察的时候，你就有能力将自己从生活中的杂乱分心中脱离出来，感觉自己凌立在乌云之上那片天空依旧晴朗的地方。这种观点的转变会让你与想法建立全新的关系，它们变成了飘过的云。虽然它们有时可能是相关的，但更多时候会干扰你的视线，妨碍你的工作效率。

对自己与他人更有同理心

多数人希望自己为他人带来积极的影响，但是当我们忙得不可开交，或是在压力与紧张状态时，我们很难体谅到他人的需求。正如组成中国汉字"忙"的两个部分，一半代表"心"，而另一半则是"亡"（见图3-4）。

图3-4　中国汉字"忙"的意义

开放意识训练所带来的内心平静和安宁，帮助我们在此刻更加清晰地看到事情的本质，同时关注到重要的事。许多人通过开放觉察的训练体验到了对自我与他人更多的同理心。

正念与道德生活紧密相连：一方面，如果你不能与自我的周围环境和谐相处，几乎不可能做正念训练；另一方面，当你更能察觉自己时，你便减少了制造混乱的机会。

试想一下，你在与某人争论之后，立即练习正念。你的大脑很可能还处于分析情况的状态，可能很难集中注意力，也很难开放地觉察。

如果你被消极的想法和情绪压倒，那是很难进行正念训练的。

当你进行正念训练越多，沉溺于消极想法或情绪的比例就越低。原因很简单，因为你对于想法、语言、行动和环境获得了更大的觉察。进一步说，你会更好地感知到你的言行对他人带来的影响。自然，这也会带来更有建设性的关系，而更加建设性的关系反过来又会让内心更平和。这样一来，你会更容易在生活中做出对自己或他人有益的选择，而不是有伤害和破坏性的选择。

正念会让我们更好地帮助他人。对他人给予更多的帮助，我们会获得更多的幸福感，也会变得更为正念。

正念对生活的意义

对我而言，训练正念是我一天的核心，这是完全属于我的时间。在这时，我在为成为父亲、丈夫与国际组织的领导者做好内心的准备，迎接繁忙的一天。

如前所述，通过训练我的专注力，我从全身心地投入与他人相处和全身心地投入工作中获益。这帮助我放松、自律，即使遇到挑战，也能保持冷静和清醒。

通过训练开放觉察，我培养了减少内外部不必要干扰的能力。我更加清晰地看到我的想法与周围的环境，我对自己的思想和周围环境有更深刻的洞察。情况往往没那么复杂，即使是面临最困难的问题也变得容易解决。

虽然我花在训练上的时间无价，但我不仅仅是通过训练的质量来衡量是否有收获。对正念训练有效性最重要的评估，我是通过观察它对我余生的影响：我的同理心、专注力和与他人同在。在本书的最后一章，我们将探讨如何更好地坚持每天训练正念 10 分钟。

第 4 章

成为
生活的主人
——后续步骤

恭喜！

如果你来到这一步，那么说明你已经至少体验过一些正念所带来的好处。或许你已经提高了某些职场技能，如正念处理邮件、正念开会；或许你已经发现自己在工作效率和工作绩效方面获得了整体的进步。总之，你可能获得了第1章中我们所讲的领先一秒的优势：在分心和决策之间的一秒的间隔，它可以让你提升自控力和业绩表现。

现在，你可以将正念带来的益处用于生活的其他方面，如你的社区、家庭、家人和朋友。虽然这本书的主要目标是将正念应用于各种职场环境，但其实你的工作和生活是息息相关的。就像训练你的专注力会对你的工作效率有帮助，当正念应用于家庭时，它同样可以帮助你全身心投入陪伴家人，从而提升你的幸福感。

但是耐心一直都是非常需要的。正念训练需要时间，没有捷径，也没有循序渐进的操作手册或者"菜单"可以带你去那里。你不能期望通过阅读一本关于飞机的书来学习驾驶飞机，对吗？是的，正念学习和其他任何技巧都需要身体与心理的协调。

我们的生活中有很多目标，如做成一个伟大的事业、有一个强大的家庭、保持良好的身材等。然而，正念训练并不仅仅是这些生命目标项目中的另一个项目。当你留出几分钟坐下来，训练自己的专注力或觉察时，这可能是一天当中真正属于自己的时间。让自己好好享受这段时间，这是你自己的时间，这是你自己的选择。

这是你自己的生活。

因此，这本书的这1章是关于你自己的。这是为了给你的日常正念训练留出时间，让你的生活更持久、更和谐。本章第1部分简单回顾了第1章讲到的心理效能矩阵；接下来讲解了展开日常训练课程的基本方法，以及自我指导和训练方法；本章最后简要介绍了如何最好地将正念带入企业环境。

在我们开始之前，请记住，无论你在生活中做什么，你总是有机会把正念和所做的事情结合起来。以下说明简单明了，但是是否用正念的态度去做事，还是取决于你自己。

专注的觉察：回顾矩阵

正如我们在第 1 章、第 2 章和第 3 章中所学到的，正念训练有两个基本要素：①敏锐的专注力，这是一种全神贯注的力量，它让你可以专注在自己所选择的目标上；②开放的觉察，它是一种反思的活动，告诉你，你的注意力偏离了。

要成为自己思绪和生活的主人，需要结合专注力和觉察力。当二者融合时，专注力和觉察力构成了心理效能的基础，而且你的思维会更加高效。正如心理效能矩阵（见图 4-1）所呈现的那样，两者的关系非常容易理解，我们在第 1 章中也有所描述。

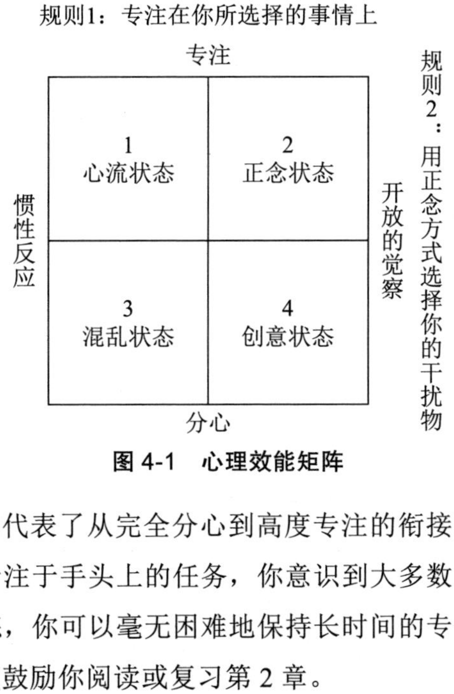

	规则1：专注在你所选择的事情上		
	专注		
惯性反应	1 心流状态	2 正念状态	开放的觉察
	3 混乱状态	4 创意状态	规则2：用正念方式选择你的干扰物
	分心		

图 4-1　心理效能矩阵

在矩阵中，纵轴代表了从完全分心到高度专注的衔接状态。当你处于纵轴的顶部时，你会只专注于手头上的任务，你意识到大多数的分心都可以放在一边。经过良好的训练，你可以毫无困难地保持长时间的专注力。要学习如何训练敏锐的专注力，我鼓励你阅读或复习第 2 章。

从左到右的横向坐标轴描述了从惯性模式（或者说自动导航）到开放的觉察的衔接状态。开放的觉察会给你带来强大的能力，让你更有智慧去判断并将专注力放在最需要的地方。当这种觉察力被培育起来后，会帮助你更冷静、更客观地看待事物。通常那些让你焦虑不安的事情也会变得更容易处理，你不会过度沉溺于环境和不必要的想法中。关于如何训练开放的觉察，你可以回到上一章中详细了解，你会找到详细的指导方法，以更好地觉察你的想法和感受。

如你所见，这两个要素的交集是在右上方的象限。当你在第 2 象限时，你就能够更好地管理你的思维，克服惯性模式。这意味着你有能力选择如何回应你所经历的一切，以及把你宝贵的注意力放在哪里。当你和周围人相处或做事时，你会全神贯注地投入每一刻。通过系统的正念训练，我们有可能在生命中的每一刻都做到保持在当下。

从本质上来说，这就是你如何在工作和生活的各个方面领先一秒。

通过坚持不懈的训练，你会发现自己在第 2 象限的时间会越多。幸运的是，在这个象限中的每一刻，大脑的神经会产生连接，使你更容易专注和有觉察。正念是一种改变大脑神经网络的主动干预，这使你在应对日常事件时能做出更好的回应，而不是做出惯性反应，从而更有能力应对各种挑战。当你努力发展这些新的神经连接时，你可能会面临新的问题，如怎样最好地将你的训练转变成一种习惯。

方式、时间和地点

当许多人开始更加规律或正式的正念训练计划时，他们通常会问自己许多常见的问题：我应该多久训练一次？我应该什么时候去训练？我应该在哪里训练？

事实上，这些问题有各种不同的答案，答案因人而异，且还需结合现有的情况和你的训练目标等。以下是一些基本的指导方法，旨在帮助你计划和安排每日的正念训练课程。

多久训练一次

就我指导过各种不同文化背景人士的经验而言，每天拿出最少 10 分钟进行正念训练，才会确保有好的成效。随着训练的深入，你可以根据自己的偏好逐步增加训练时长。你进行练习越多，你的受益就会越大。就像体能健身一样，训练越多，成效就越大。

但是，要明白一点，训练的质量要比训练的时间更重要。训练时成功的关键要素是你有多专注和坚持。10分钟全神贯注地训练的成效，会比训练20分钟但三心二意的效果要强得多。

在频率方面，我建议你每天留出时间训练。每天的训练是确保获得成效的最好方法。当你每天都进行训练时，渐渐就会形成习惯。你的训练密度逐步增强，你的进步也会更加明显。每周7天简短的训练比每周一次的训练更可取，因此避免让你的训练变成仅在周末进行的项目。

所以，纪律性会给你很大的帮助。我们都知道，如果间歇和随机地去加热一壶水是永远不会烧开的，而随机或偶尔的正念训练也永远不会带来预期的成效。为了强化神经连接，重塑新的神经网络，你需要持续性地训练你的思维。

在刚开始训练的时候，这或许是最难逾越的一个屏障。很可能你会发现一个最紧要的问题，就是忙碌的一天中很难拿出足够的时间去练习。但是你可以思考一下，提升心理效能的动机是什么？每天10分钟的投资会给你带来什么？更好的睡眠？更健康的身体？对于家庭和朋友更多的同理心？

你可以把正念训练看作给自己的时间，没有任何条件。这段时间是你给自己培养更幸福生活的时间。把它看作你给予自己的时间，以便能更好地关心你所爱的人。然后留意一下，面对一些事情时，你做出惯性反应的频率，与你能够暂停和选择回应的频率。就我的经验而言，人们通过每天进行10分钟的日常训练，当进行了几周之后，就会感受到回应能力的明显变化。

在你开始日常训练之前，记住你训练的目的和动机。然后记住之前的参与者的经验之谈：经过几周的训练，尽管在技术层面上他们处理生活事务的时间更少，但定期的训练会产生一种感觉，即在忙碌的一天当中，他们有更多的空间和时间。

何时训练

我们每个人都是不同的，有些人早上充满活力，有些人则是夜猫子。一些人喜欢早一点吃早餐，但是另一些人则喜欢晚一点。一些人只要打个小盹儿就行，但一些人需要一整晚的睡眠。所以，正念训练的最佳时间依每个人的情况而有所不同。

但就我的经验而言，早晨对大多数人来说是一个好时机。早晨的时候，思绪比较清晰，所以训练正念会获得更好的效果。此外，当你在一天的开始拿出 10 分钟，保持专注和清醒的觉察，会对余下的一天有更好的影响。许多人会说，他们早上没有 10 分钟时间。有一个简单的方法，把闹钟比平时调早 15 分钟。这会让你有几分钟时间调整自己，之后再进入 10 分钟的呼吸、数数或感知中。这样做还有一个好处，就是你不必匆忙应付早上其他的事情。

我在家人醒来之前起床，早上的这段时间非常宁静，我可以进行正念训练，并给我一天其他时间带来巨大能量。

如果你认为早上不是自己训练的最佳时间，那就在下午或晚上找一个更适合你的时间。最重要的是你要设定一个固定的时间，几周之后就会养成习惯。

在哪里训练

正念训练的最佳地点就在你的大脑里，你不需要一个完全安静和谐的地方。正念训练不是精神仪式或宗教仪式，不一定需要在干净或安静的地方训练。更确切地说，它是一种心理状态的训练，而且我们可以在任何情况下训练和应用：当你在超市里排队时、堵车被夹在中间时、洗碗或者锄草时，都可以。但重要的是，你要在自己的内心创造出平静与和谐。

所以，当进行正式的正念训练时，最好在家里找一个固定的地方练习。或许是客厅或卧室的某个角落，也或许是书房的阳台或地下室的角落。只要你觉得可以帮助你进行高质量的训练，任何地方都可以。但是一个完美、独立、没有任何干扰的地方是罕见的，所以要务实一些。无论你坐在什么地方，你都会听到声音。这也没关系。但是你要尽量找一个干扰最少的位置，让你有足够的空间，保证你能舒适，保持正确的身体姿势，这是成功进行正念训练的基础。

我们快速看一下，正念训练的正确身体姿势包括 5 点：脚踏实地的平衡，挺直背部，放松肩膀、手臂和脖子，放松手，闭上眼睛。为了能帮助你选择训练的最佳地点，让我们详细看一下这几点要素。

- **脚踏实地的平衡**：确保你训练的地方是平稳的。如果你坐在椅子上，你是否能将双脚舒适地放在地下？如果你坐在地上，是否有空间盘腿坐着，或者采用另一种平衡、舒服的姿势坐着？如果你不需要克服重力来放松，放松会容易得多。
- 挺直背部：如果你坐在椅子或沙发上，确保背部挺直。如果你坐在躺椅或者很容易让你躺下的家具上，会容易让你在训练中昏昏入睡。
- 放松肩膀、手臂和脖子：你选择的地方是否有足够的空间可以放松自己的肩膀和手臂？你可以向上和向后扭转你的肩膀吗？你可以拉伸你的肩膀吗？通常在训练开始前，拉伸可以帮助你放松，并且寻找到让自己自然放松的点。
- 放松手：你的手是不是很容易可以放在你感觉舒适的地方？两个最好的地方是放在膝盖上或大腿上，这意味着你不要太靠近桌子或其他家具，这可能会妨碍你的手的放置。
- 闭上眼睛：当长时间地闭上眼睛时，一些人可能会感觉有些不安全。你所选择的地点是否提供了必要的安全感和舒适感，以保持你的眼睛闭着或只是轻微地睁开？

你所选择日常训练的地方，都应该能提供足够大的空间和舒适感，这样才能满足以上5个训练条件。现在，你已经了解了训练的方式、时间和地点，让我们来了解一下制订个人训练计划的详细方法，从而重塑你的生活——每天仅仅拿出10分钟，就能获得领先1秒的优势。

自我指导的正念训练

正念不仅仅是一套理论体系，更是一套训练体系。正如任何训练项目一样，只有付出努力才能获得成果。正念训练方法已经发展和实践了几千年，所以训练中有严密的逻辑体系。当你遵循正确的指导方法，你会在较短时间内获得最好的训练成果。下面是10周自我训练计划的基本指导原则，每一周你需要：
- 每天拿出10分钟，训练敏锐的专注力或开放的觉察。
- 从第2章中选择一种心理策略。
- 从第1章中选择一种或两种训练技巧。

听起来不太难，对吗？要达到最好的结果，需要对之前我们讲到的训练元素进行组合应用，每次采取一个步骤。你将做10分钟的日常练习，每周集中在第 3 章的一个基本训练、第 2 章的一个新的心理策略,以及选择第 1 章的某个工作技巧。表 4-1 概述了一个 10 周的训练计划,该计划采用敏锐的专注力与开放的觉察,是一套融合传统方法和逻辑体系的正念训练体系。

表 4-1 自我指导训练矩阵

周	每天 10 分钟的自我指导训练			选择一种技巧在第 4 周或之后使用	
	基础训练	特质/洞察	心理策略	职场技巧	
1	专注力训练	不需要特质/洞察水平 1	不需要		
2	专注力训练	放松	不需要	电子邮件	精力
3	专注力训练	放松 & 专注	当下	开会	睡觉
4	专注力训练	放松 & 专注 & 清晰	耐心	目标	饮食 & 能量
5	专注力训练	放松 & 专注 & 清晰	善意	优先级	活动 & 能量
6	开放的觉察	放松 & 专注 & 清晰	初学者心态	计划	高效休息
7	开放的觉察	放松 & 专注 & 清晰	接纳	沟通	上下班
8	开放的觉察	改变	平衡	创意	情绪平衡
9	开放的觉察	幸福	喜悦	改变	工作—生活平衡
10	开放的觉察	潜能	放下		
∞	供选择	所有的特质 & 洞见	你自主选择	你自主选择	

这一计划从训练专注力开始,因为它是所有其他元素的基础。只有当你具备了良好的专注力之后,一般要经过 4～5 周的每日训练,才能训练觉察。10 周之后,你会经历两种类型的训练方式,并可以选择你喜欢的其中一种。

但是请记住,这两种训练方式对于培养训练有素的思维而言都具有很高的价值和重要性,两者持续进行训练会更有价值。

在为期 10 周的课程中,我们会每周介绍一个心理策略。尽管我建议你每周都加入一个新的策略,但有时你可能希望在某个策略上多花一些时间,因此你可以按照自己的节奏来调整。在 10 周训练结束时,你可以每天或每周选择一个新的策略。

到目前为止,你可能已经体验了本书第 1 章提到的大部分或全部职场技巧。实施 10 周训练计划的最后一个部分,是每周选择一两个技巧,在工作或生活中集中精力训练。

举例来说,正如电子邮件部分技巧所探讨的,每天拿出两到三个固定的时间段处理电子邮件。然后，在睡觉之前的一小时之内关闭所有的有屏幕设备，如智能手机、平板电脑、电视机，在如何改善睡眠质量这一技巧中我们也有所讲述。通过这些非正式的正念训练，你自然会发现学习和训练正念所带来的益处。但是与正式的训练——10分钟正念训练相比，不同的是，非正式训练会让你有意识地把正念觉察带到日常活动中。

为了帮助你安排每周的自我指导培训，本书附录中包含了一个简单的、可复制的工作表，命名为自我指导训练表。附录中还列出了其他书籍和资源，在你探索将更正式的正念训练计划融入日常生活的最佳方法时，你会发现这些书籍和资源非常有用。请把这些资源当作帮助你提高专注力、培养清晰感和带来成效的动力和支持。

感知进步

保持训练纪律有助于取得进步。因为个人进步速度不同，所以很难用简单的指标（如百分比）来衡量，但下面5个步骤可以帮助你衡量整体进步情况。

（1）专注力和觉察不强。只有几分钟可以清晰地专注在呼吸上。
（2）容易分心。保持专注的时段更频繁。
（3）在清晰的专注和分神状态之间保持平衡。
（4）稳定的专注力和觉察。
（5）敏锐的专注力和清晰的觉察。

专注力和觉察的增强，不仅对于正式的正念训练有助益，而且在日常生活中也是有益的。它让你更好地专注在当下，全身心地和你关心的人在一起；同时也让你的行为更高效，因为你强化了大脑中的神经网络。一定要记住这一点：正念是改变大脑中神经网络的积极干预方式。随着训练的深入，正念训练会变得更加容易。当你练习的时候，你将能够更公开和直接地面对环境；对于所经历的一切，你将更善于回应，而不是做出惯性反应。通过一个充满热情和规律性的日常训练，你可能在6个月内就能达到上文我们提到的5级变化的4～5级。

在本章的最后一部分，我将介绍一些将正念引入组织的关键成功因素。我希望，如果你在本书中体会到了成效，这不仅会激励你继续正念训练，为自己的训练和应用带来启发，而且你也会有兴趣与你的同事和组织分享正念。

将正念应用于组织

到目前为止,我们在本书中谈到的主题都是和你个人工作生活相关的。我们深入探讨了应用正念的潜在益处,以及它为你个人的成功和幸福所带来的帮助。因为组织中都是由像你我一样忙碌的个体组成的,所以我希望你可以将正念的这些策略和指导方法应用到你所在的企业中。老实说,如果组织中只有你一个人练习正念,那么你肯定会感到孤独甚至沮丧。你在享受正念带来的益处,但是其他人却没有。这也驱动了许多人成为正念的支持者,并乐于积极地分享给其他人。如果这些工具和方法能帮助你提高效率和成效,那么设想一下,如果整个团队、部门或者组织都能够采用正念,那将激发多大的潜力。

企业正念所带来的可以量化的益处是巨大的,包括提升专注力、增强觉察力、提升效能、提高工作满意度、增强创造力、减少旷工和降低压力等。更重要的是,多项研究表明,正念可以提升员工的身体健康和心理满意度。正是这样,所以我们才要把正念训练分享给更多的人,并在企业内推行。基于多年在组织内运作企业正念项目的经验,我们总结了将正念引入组织的 5 个关键成功因素。第一项就是获得领导层的支持。

获得领导层的支持

任何一项组织的倡议都需要获得领导层的支持。如果领导不认同,那么即便个人从正念中受益匪浅,但是整个组织也不可能有正念状态。正如所有成功变革所倡议的一样,领导者需要以身作则。如果一个领导口头上说他/她支持正念计划,但是自己却没有投入正念练习中,或者根本就不支持团队进行正念练习,或是成了让员工们分心的源泉,那么别人感受到领导者不一致的信息,就会削弱整个组织推行正念计划的积极性,使大家都感到困惑。

这会给你一个很重要的提醒,即当你需要获得支持时,你可能会告诉自己:"我只需要老板的支持就行了。"但事实上不仅仅如此。一个组织中有正式的和非正式的领导,非正式的领导通常有很强的影响力,不一定可以通过职位或薪水来识别出他们，通常这些有影响力的人与他们的职位并不完全匹配。你需要清楚，这些关键人物是谁，并且和他们建立良好的关系。谁做的决策会影响你？谁有话语权？谁的决策权更大？在午餐或休息期间，其他人会更乐意听谁的话？

为了成功推行一项有可能在一开始就遭受抵触的项目，你需要尽可能地获得支持、方向和联结。找到有影响力的人，让更多有影响力的人参与这个项目，是成功推行项目的关键要素。这并不意味着要求这些领导者或有影响力的人参加每一次训练，或者在每一刻做到100%的专注。然而，他们确实需要保持专注力和觉察，观察自己的行为给其他人带来的影响。

获得领导层与有影响力的人的支持是非常重要的，这就是很多人口中的"顶盖"。简单地说，就是来自上层的支持。通过和领导们及关键人的沟通，你会渐渐与他们建立信任感，他们会支持你和你所倡议的项目，这会有助于你在推行一个可能会被误解的项目（如企业正念项目）时扛住争议。

需要管理层积极参与的另一个重要原因是，在项目推行的过程中会引发许多关于企业工作文化的关键问题和讨论。例如，我们如何管理干扰？我们如何将会议中的干扰因素降到最低？我们如何提高工作和生活的平衡？如果领导们不积极地参与进来，那么就不能为这些探讨的落地带来积极的改变。

获得高层的支持，需要和领导层建立信任，同时也要让领导们理解，你并不是在削弱或者降低他的权威性，而是以开放的方式和他沟通，希望为组织提升绩效，带来更有助益的视野。你需要让领导层感知到，采纳你的建议，会支持他们成为更高效的领导。真正好的领导非常想知道如何创造和维护业务，他们迫切想了解如何优化企业的资源，更好地培养人才。那么，要建立这种信任最好的方式之一，就是描述清楚企业正念项目带来的益处，以及如何支持组织实现更大的目标。

与企业目标相契合

尽管从个人角度来看，正念培训会带来非常多的益处，但如果目标是创建一个更为正念的组织，那么必须将主动性与组织目标联系起来。正念不是保证企业成功的灵丹妙药，但它是一种提高专注力和效能的好方法，所有这些都直接影响组织的基础能力。

因此,一个项目的成功与否,很大程度上取决于将个人从正念的获益与组织可获得的量化成果相关联。这意味着要将正念及其许多益处与组织的使命、长期战略和短期战略联系起来。这就需要清楚地解释正念为企业究竟能带来哪些好处——不是说正念让个人感觉更好、睡眠更好,而是说正念会让员工减少病假率和提高绩效,即企业用更低的成本,带来更高的收入。

这样做不仅有助于设定企业正念项目的优先级,而且可以让你在构思问题和准备会见相关人时有清晰的关注点。反过来,这将传达一个事实,就是你非常努力和专注于满足组织更大的需求,这将为整个企业正念项目奠定良好的基础。

例如,我们合作过的一家美国建筑公司,它们有4个主要的企业价值观:生产力、安全、客户和员工。它们的CEO将正念引入企业的主要兴趣点在于提高全体员工的健康状态和幸福感。而一些高管则对于如何训练思维,以提升绩效、增强安全性,甚至如何更好地与客户沟通等方面更感兴趣。因此,企业正念项目的具体目标包括所有这些关键目标,即直接和组织的核心战略高度契合。

有效的沟通

尽管正念现在看起来很流行,但在组织环境中它仍然是一个比较新的概念。在忙碌的工作日,抽出点时间静静地坐下来。说得好听一点,这听起来有些奇怪;说得不好听一点,这一点都不理性。这意味着,在进行正念项目时保持清晰有效的沟通非常重要:正念项目是为谁而开展的?为什么这个项目是有价值的?为什么人们要去尝试一下?

"正念"这个词本身可能会引发误解,容易被误认为是与心理相关或是有些古怪而导致抵触和质疑。在这种情况下,在开始推广时最好避免使用该词。例如,美国一家全球科技公司的亚洲分部在推行项目时,把它命名为"激活工作的思维潜能",其重点是提高团队效率和加强协作。在加拿大的一家能源公司,该项目被命名为"场景意识",其目标是加强阿尔伯塔省北部现场的环境健康和安全。在我们的许多领导项目中,包括在欧洲的一家大型金融服务公司,该项目被命名为"可持续的领导力绩效"。

关键是,不要束缚在项目的命名上。相反,找出最适合你所在组织的文化和目标的用词，这会减少项目初始阶段的误解或抵触情绪，同时也会更容易实施下一个要素。

时间和承诺

正念不是速效的方法，训练正念所带来的许多益处并不可能一蹴而就，而是需要个人的努力和组织的投入才能达成良好的成果。具体而言，这需要时间和承诺。要改变个人习惯需要花费时间，而集体习惯的改变则需要更多的时间。如果你希望组织从训练正念中受益，那么长期的努力要比只是一天或一周的努力更有效果。这就是为什么许多成功应用正念的项目要拿出超过 4 个月时间的原因，包括一些小型的内部研讨会和日常训练。

获得领导层的支持、与企业目标相契合、有效的沟通，都构成了获得这种承诺的牢固基础。从我们已经将企业正念引入组织的经验来看，提前解决细节问题，对于企业从正念训练中获益有非常大的帮助。然而，要将正念应用于更大规模的集团，还有一个关键要素。

实现你希望看到的变化

正念是一种当下/存在的体验。在正念状态下，你带着善意、开放和处在当下的态度体验生命。让他人体会到这些特质所带来的益处的最好方法，就是你自己活出这样的正念状态。你越友善、开放和处在当下，他人会更深入地感知到正念给你带来的益处。他们一旦感知到这些状态，就会想要和你一样，他们会渴望感受到和你一样的平和与幸福。我在所训练和教授过正念的地方都看到了这一点——正念是有传染力的。

如果你想让自己的组织有意愿投入正念训练，我能给你的最好的建议就是保持正念，而不是一味宣扬正念。

完 成 闭 环

世界在变化。我们正在建造更大的房子、更好的汽车和更智能的手机。但它能让我们更幸福吗？我不这么认为。幸福是一种内在的旅程，它关乎我们的

思维，而正念是第一步。

花时间读这本书，你就开始了你自己的改变之旅。你投入时间和投资金钱，为了在这一变化中保持动力，我鼓励你从书中至少选择 3 个激励你的灵感并持续训练的点。放下惯性模式，全然地和你的同事、朋友或你所爱的人在一起，给最好的自己留出空间。最重要的是，尽量保持日常训练。

改变就是这样发生的。

当然，我知道，在这个干扰不断和追求即时满足的世界里，知易行难，但这是值得努力的，因为正念使我们更快乐、更有善意。此外，快乐、善良的人也会使社会更快乐、更友善。在过去的 20 年里，我亲身经历过这一点，也在成千上万的人和无数的组织中看到了这一点的转变。要相信你也可以做得到。当你忘记了训练，或者因为太忙而不能在早上静坐时，记住你总是可以重新开始的。

只要你召唤，正念就在你的内心。

在你的正念旅途中，如果你有什么故事想和我分享，请告诉我。也许你的故事像本书描述的故事一样，将会有助于启发和激励他人开启正念之旅。你可以发邮件给我：rasmus.hougard@potentialproject.com，或者我们有缘相聚时也欢迎你与我分享。我祝愿你一切顺利！

附录
自主训练材料

自主训练工作表

周：_____

基础练习：_____

品质/洞察：_____

心理策略：_____

职场技巧：_____

备注：_____
_____
_____
_____

从以下每个类别中选择一个：

- 基础练习：专注力训练、开放的觉察训练、专注觉察训练。
- 品质/洞察：放松、放松&专注、放松&专注&清晰、改变、幸福、潜力。
- 心理策略：活在当下、耐心、善意、初学者心态、接纳、平衡、喜悦、放下。

- 职场技巧：电子邮件、会议、目标、优先次序、计划、沟通、创造力、改变、精力、睡眠、饮食与能量、能量与活动、高效休息、通勤、情绪平衡、工作—生活平衡。

其他资源

给企业引入正念：www.potentialproject.com。

中国的朋友可以通过微信公众号"创衡国际"找到更多学习资料。

通过 LinkedIn、Facebook、Twitter 和微信公众号找到我们并了解最新信息。

咨询：inqury@potentialproject.com.cn。

训练企业正念的 App

我们希望这本书能激励你开始日常培训。为了让你的工作更轻松，我们开发了一款训练正念 App，可以帮助你和你的企业。该 App 包括本书所述的基础训练的指导课程。此外，它还为你提供包括心理策略的信息输入以及高效休息等模块的日常提醒。要下载该 App，请到手机应用商店并搜索 Potential Project Mindfulness。

关于正念的好书推荐

Mindfulness in Plain English by Bhante Henepola Gunaratana, 2002

Minding Closely: The Four Applications of Mindfulness by Alan Wallace, 2011

Wherever You Go, There You Are by John Kabat-Zinn, 2005

Why Meditate?: Working with Thoughts and Emotions, Mathieu Ricard, 2010

Peace Is Every Step: The Path of Mindfulness in Everyday Life by Thich Nhat Hanh, 1992

Mindfulness: A Practical Guide to Awakening by Joseph Goldstein, 2013

关于提升工作效率的好书

Your Brain at Work: Strategies for Overcoming Distraction, Regaining Focus and Working Smarter All Day Long by David Rock, 2009

Focus: The Hidden Driven of Excellence by Daniel Goleman, 2013

Presence: Exploring Profound Change in People, Organizations, and Society by Peter Senge and Otto Scharmer, 2007

Search inside Yourself by Chade Meng Tan, 2012

关于训练思维科学方法的好书

Mindsight: The New Science of Personal Transformation by Dan Siegel, 2010

Buddha's Brain: The Practical Neuroscience of Happiness, Love and Wisdom by Rick Hanson, 2009

The Emotional Life of Your Brain: How Its Unique Patterns Affect the Way You Think, Feel and Live by Richard J. Davidson and Sharon Begley, 2012

The Brain That Changes Itself: Stories of Personal Triumph from the Frontiers of Brain Science by Norman Doidge, 2007

关于职场正念的好书

Mindful Work: How Meditation Is Changing Business from the Inside Out by David Gelles, 2015

Working with Mindfulness: Mindfulness Work and Stress Reduction by Mirabai Bush and Daniel Goleman, 2013

Finding the Space to Lead: A Practical Guide to Mindful Leadership by Janice Maturano, 2013

The Mindful Leader: Ten Principles for Bringing Out the Best in Ourselves and Others by Michael Carrol, 2011

正念和冥想静修场所

读书是好事,做练习很棒。世界各地有许多很棒的地方,为认证老师提供正念进修课程,通常这些地方会采用一种正念静修方法。有关正念静修地点的本地建议,请通过我们的网站联系我们的当地办事处。你会发现乐于助人的好人。

我们想推荐的一些场地和组织如下:

- 加利福尼亚综合大学。拥有优秀的教师,开设丰富的课程。1440multiversity.org
- 纽约Garrison研究所。拥有优秀的教师,开设丰富的课程。garrisoninstitute.org
- 泰国Thanyapura心灵中心。拥有优秀的教师,开设丰富的课程。Thanyapura.com/mind-centre
- 法国梅村Plum Village。面向个人、团体和家庭的正念静修。Plumvillage.org
- Goenka Vipassana静修。传统的10天深入探索练习。在全球范围内提供。Dhamma.org

参考文献

前　言

[1] Derek Dean and Caroline Webb (2012) "Recovering from Information Overload," *McKinsey Quarterly,* January.

[2] E. M. Hallowell (2005) "Overloaded Circuits: Why Smart People Underperform," *Harvard Business Review,* January: 55–62.

[3] Viktor E. Frankl, *Man's Search For Meaning* (Beacon Press, 1959).

第1章　正念职场技巧

[1] C. J. L. Murray and A. D. Lopez (1996), "Evidence Based Health Policy: Lessons from the Global Burden of Disease Study," *Science* Vol. 274, No. 5288: 740–743.

管理你的思维——第一步

[1] M. A. Killingsworth and D. T. Gilbert (2010), "A Wandering Mind Is an Unhappy Mind," *Science 12,* Vol. 330, No. 6006: 932.

[2] T. H. Davenport and J. C. Beck (2001), *The Attention Economy: Understanding the New Currency of Business* (Boston, MA: Harvard Business Review Press).

[3] Killingsworth and Gilbert, "A Wandering Mind," 932.

[4] Eyal Ophir, Clifford Nass, and Anthony D. Wagner. (2009), "Cognitive Control in Media Multitaskers," *Proceedings of the National Academy of Sciences of the United States of America)*, Vol. 106, No. 37: 15583–15587.

[5] D. Bawden and L. Robinson (2009), "The Dark Side of Information: Overload, Anxiety and Other Paradoxes and Pathologies," *Journal of Information Science,* Vol. 25, No. 2: 180–191.

[6] T. M. Amabile, C. N. Hadley and S. J. Kramer (2002), "Time Pressure and Creativity in Organizations—A Longitudinal Field Study," *Harvard Business School Working Paper,* No. 02–073.

[7] S. Shellenbarger (2003), "New Studies Show Pitfalls of Doing Too Much at Once," *The Wall Street Journal,* February 27, wsj. com/articles/SB1046286576946413103.

[8] E. M. Hallowell and J. J. Ratey (2006), *Delivered from Distraction—Getting the Most Out of Life with Attention Deficit Disorder* (New York: Ballantine Books).

[9] R. J. Davidson et al. (2003), "Alterations in Brain and Immune Function Produced by Mindfulness Meditation," *Psychosomatic Medicine,* Vol. 65, No. 4: 564–570.

[10] S. Rosenzweig, D. K. Reibel, J. M. Greeson, J. S. Edman, S. A. Jasser, K. D. McMearty, and B. J. Goldstein (2007), "Mindfulness-Based Stress Reduction Is Associated with Improved Glycemic Control in Type 2 Diabetes Mellitus," *Alternative Therapies in Health and Medicine,* Vol. 13, No. 5: 36–38.

[11] F. Zeidan, S. K. Johnson, N. S. Gordon, and P. Goolkasian (2010), "Effects of Brief and Sham Mindfulness Meditation on Mood and Cardiovascular Variables," *Journal of Alternative and Complementary Medicine,* Vol. 16, No. 8: 867–873. Some research even suggests that mindfulness training slows the aging of the body at the cellular level. T. L. Jacobs et al. (2010), "Intensive Meditation Training, Immune Cell Telomerase Activity, and Psychological Mediators," *Psychoneuroendocrinology,* Vol. 36, No. 5: 664–681.

[12] L. E. Carlson and S. N. Garland (2005), "Impact of Mindfulness Based Stress Reduction (MBSR) on Sleep, Mood, Stress and Fatigue Symptoms in Cancer Outpatients," *International Journal on Behavioral Medicine,* Vol. 12, No. 4: 278–285.

[13] Christian G. Jensen, "Corporate-Based Mindfulness Training in Denmark—Three

Validation Studies," Neurobiological Research Unit, Copenhagen University Hospital (forthcoming).

[14] G. Pagnoni and M. Cekic (2007), "Age Effects on Gray Matter Volume and Attentional Performance," *Neurobiology of Aging,* Vol. , 28, No. 10: 1623–1627.

[15] F. Zeidan, S. K. Johnson, B. Diamond, Z. David, and P. Goolkasian (2010), "Mindfulness Meditation Improves Cognition—Evidence of Brief Mental Training," *Consciousness and Cognition,* Vol. 19, No. 2: 597–605.

[16] K. A. MacLean et al. (2010) "Intensive Meditation Training Improves Perceptual Discrimination and Sustained Attention," *Psychological Science,* Vol. 21, No. 6: 829–839.

[17] J. Greenberg, K. Reiner, and N. Meiran (2012), "Mind the Trap: Mindfulness Practice Reduces Cognitive Rigidity," *PLoS ONE,* 7(5): e36206.

[18] Greenberg, Reiner, and Meiran, "Mind the Trap," e36206.

[19] Zeidan et al. , "Effects of Brief and Sham Mindfulness Meditation."

[20] Based on research by Professor Jochen Reb of Singapore Management University of CBMT programs at Carlsberg and If Insurance. At the time of publication, these results had been presented at conferences but not yet published. You can see presentations of some of the results at www.youtube.com/potentialproject and find the results published at www.potentialproject.com from the end of 2013. A researcher from the University of Copenhagen found similar benefits from his evaluation of a nine-week program at a private hospital in Copenhagen. Jensen, "Corporate-Based Mindfulness Training in Denmark."

[21] M. Murphy and S. Donovan (1999), *The Physical and Psychological Effects of Meditation: A Review of Contemporary Research with a Comprehensive Bibliography, 1931–1996* (2nd ed.) (Sausalito, CA: Institute of Noetic Sciences).

[22] T. L. Giluk (2010), "Mindfulness-Based Stress Reduction: Facilitating Work Outcomes through Experienced Affect and High-Quality Relationships," PhD diss. , University of Iowa.

[23] B. Barrett, M. S. Hayney, D. Muller, D. Rakel, A. Ward, C. N. Obasi, R. Brown, Z. Zhang, A. Zgierska, J. Gern, R. West, T. Ewers, S. Barlow, M. Gassman, and C. L. Coe (2012), "Meditation or Exercise for Preventing Acute Respiratory Infection: A

Randomized Controlled Trial,"*Annals of Family Medicine,* Vol. 10, No. 4: 337–346.

[24] S. L. Shapiro, H. Jazaieri, and P. Goldin (2012), "Mindfulness-Based Stress Reduction Effects on Moral Reasoning and Decision Making,"*Journal of Positive Psychology*, Vol. 7, No. 6: 504–515.

技巧#1　电子邮件

[1] The Radicati Group, Inc. (2011), E-mail Statistics Report, www.radicati.com/?p=7261; Pew Internet, www.pewinternet.org.

[2] The Radicati Group, Inc. , E-mail Statistics Report.

[3] The Radicati Group, Inc. , E-mail Statistics Report.

[4] M. Koneya and A. Barbour (1976), *Louder Than Words … Nonverbal Communication* (New York: Merrill).

技巧#2　开会

[1] R. Williams (2012), "How Meetings Kill Productivity," *Financial Post,* April 18, business.financialpost.com/2012/04/18/how-meetings-kill-productivity.

[2] L. Belkin (2007), "Time Wasted? Perhaps It's Well Spent," *The New York Times,* May 31, www.nytimes.com/2007/05/31/fashion/31work.html.

[3] http://www.bcbusiness.ca/lifestyle/bryan-dysons-30-second-speech.

技巧#4　优先级管理

[1] K. Kogon, A. Merrill, and L. Rinne (2015), *The 5 Choices: The Path to Extraordinary Productivity* (New York: Simon & Schuster).

[2] H. Bruch and S. Ghoshal (2002), "Beware the Busy Manager," *Harvard Business Review*, February.

技巧#6　沟通

[1] https://en.wikiquote.org/wiki/Alan_Greenspan.

技巧#7　创造力

[1] K. H. Kim (2011), "The Creativity Crisis: The Decrease in Creative Thinking Scores on the Torrance Tests of Creative Thinking," *Creativity Research Journal,* Vol. 23, Issue 4: 285–295.

[2] V. Capurso, F. Fabbro, and C. Crescentini (2013), "Mindful Creativity: The Influence of Mindfulness Meditation on Creative Thinking," *Frontiers in Psychology,* Vol. 4: 1020.

[3] https://en.wikipedia.org/wiki/Hans_Hofmann.

[4] T. M. Amabile, J. S. Mueller, W. B. Simpson, C. N. Hadley, S. J. Kramer and L. Fleming (2002), "Time Pressure and Creativity in Organizations—A Longitudinal Field Study," *Harvard Business School Working Paper:* No. 02–073.

技巧#8　变革

[1] David Hamilton (2005), *Social Cognition: Key Readings* (New York: Psychology Press).

技巧#9　精力

[1] John Ding-E Young and Eugene Taylor (1998), "Meditation as a Voluntary Hypometabolic State of Biological Estivation," *American Physiological Society,* Issue 13: 149–153, http://www.ncbi.nlm.nih.gov/pubmed/11390779.

[2] Matthew A. Killingsworth and Daniel T. Gilbert (2010), "A Wandering Mind Is an Unhappy Mind," *Science 12,* Vol. 330, No. 6006: 932.

技巧#10　改善睡眠

[1] John Medina (2008), *Brain Rules* (Seattle: Pear Press).

[2] Linda E. Carlson (2005), "Impact of Mindfulness Based Stress Reduction (MBSR) on Sleep, Mood, Stress and Fatigue Symptoms in Cancer Outpatients," *International Journal on Behavioral Medicine,* Vol. 12, No. 4: 278–285.

[3] A. Brzezinski (1997), "Melatonin in Humans," *The New England Journal of Medicine,* 336: 186–195.

[4] Brzezinski, "Melatonin in Humans."

[5] M. G. Figueiro, B. Wood, B. Plitnick, and M. S. Rea (2011), "The Impact of Light from Computer Monitors on Melatonin Levels in College Students," *Neuro Endocrinology Letters,* Vol. 32, No. 2: 158–163.

[6] J. C. Pruessner, O. T. Wolf, D. H. Hellhammer, A. Buske-Kirschbaum, K. van Auer, S. Jobst, F. Kaspers, and C. Kirschbaum (1997), "Free Cortisol Levels after Awakening," *Life Science Journal,* Vol. 61, No. 26: 2539–2549.

技巧#11　饮食和能量

[1] Brian Wansink (2010), "From Mindless Eating to Mindlessly Eating Better," *Physiology & Behavior,* Vol. 100: 454–463.

[2] Robert E. Thayer (1987), "Energy, Tiredness, and Tension Effects of a Sugar Snack Versus Moderate Exercise," *Journal of Personality and Social Psychology,* Vol. 52, No. 1: 119–125.

第2章　正念心理策略

策略#1　当下

[1] E. M. Hallowell (January 2005), "Overloaded Circuits: Why Smart People Underperform," *Harvard Business Review:* 55–62.

[2] Hallowell, "Overloaded Circuits."

[3] Hallowell, "Overloaded Circuits."

[4] Hallowell, "Overloaded Circuits."

策略#2　耐心

[1] P. D. MacLean (1990), *The Triune Brain in Evolution—Role in Paleocerebral Functions* (New York: Plenum Press); S. T. Robin, I. M. Dunbar, and S. Shultz (2007), "Evolution in the Social Brain," *Science,* Vol. 317, No. 5843: 1344–1347.

策略#3　友善

[1] J. Vahtera, M. Kivimaki, A. Uutela, J. Pentti (2000), "Hostility and Ill Health: Role of Psychosocial Resources in Two Contexts of Working Life," *Journal of Psychosomatic Research*, Vol. 48, Issue 1: 89–98.

[2] G. Rein, M. Atkinson and R. McCraty. (1995), "The Physiological and Psychological Effects of Compassion and Anger," *Journal of Advancement in Medicine*, Vol. 8, No. 2: 87–105.

[3] C. Peterson, N. Park and M. E. P. Seligman et al. (2005), "Orientations to Happiness and Life Satisfaction: The Full Life vs. the Empty Life," *Journal of Happiness Studies*, Vol. 6: 25–41.

策略#4　初学者心态

[1] Ann M. Graybiel (1998), "The Basal Ganglia and Chunking of Action Repertoires," *Neurology of Learning and Memory*, Vol. 70; Charles Duhigg (2012), *The Power of Habit*, New York: Random House.

[2] J. Greenberg, K. Reiner, and N. Meiran (2012), "Mind the Trap: Mindfulness Practice Reduces Cognitive Rigidity," *PLOS*, DOI: 10.1371/journal.pone.0036206.

策略#6　平衡

[1] Tor Nørretranders: *Mærk Verden—En beretning om bevidsthed* [Notice the world—a report about consciousness] (2000), (Copenhagen: Gyldendal).

[2] Y. Xinjun, M. Fumoto, Y. Nakatani, T. Sekiyama, H. Kikuchi, Y. Seki, I. Sato-Suzuki, and H. Arita (2011), "Activation of the Anterior Prefrontal Cortex and Serotonergic System Is Associated with Improvements in Mood and EEG Changes Induced by Zen Meditation Practice in Novices," *International Journal of Psychophysiology*, Vol. 80, No. 2: 103–111; B. K. Hölzel, J. Carmody, M. Vangel, C. Congleton, S. M. Yerramsetti, T. Gard, and S. W. Lazar (2011), *Psychiatry Research: Neuroimaging*, Vol. 191: 36–43.

策略#7 喜悦

[1] B. L. Fredrickson (2003), "The Value of Positive Emotions," *American Scientist,* Vol. 91: 330–335.

[2] J. Fowler and N. Christakis (2008), "Dynamic Spread of Happiness in a Large Social Network: Longitudinal Analysis over 20 Years in the Framingham Heart Study," *British Medical Journal,* Vol. 337, No. a2338, doi: 10. 1136.

[3] D. Lohmar (2006), "Mirror Neurons and the Phenomenology of Intersubjectivity," *Phenomenology and the Cognitive Sciences,* Vol. 5, No. 1: 5–16.

第3章 基础训练

训练#1 训练敏锐的专注力

[1] Based on research by Professor Jochen Reb from Singapore Management University of CBMT programs at Carlsberg and If Insurance. At the time of going to press these results have been presented at conferences but not yet published. You can see presentations of some of the results at www.youtube.com/potentialproject and find the results published at www.potentialproject.com from around the end of 2013.

[2] M. A. Killingsworth and D. T. Gilbert (2010), "A Wandering Mind Is an Unhappy Mind," *Science 12,* Vol. 330, No. 6006: 932.

[3] Killingsworth and Gilbert, 932.